U0910014

在线为王

你在网上看什么、干什么，我全知道

〔美〕比尔·唐瑟尔（Bill Tancer）◎著　张　宁◎译

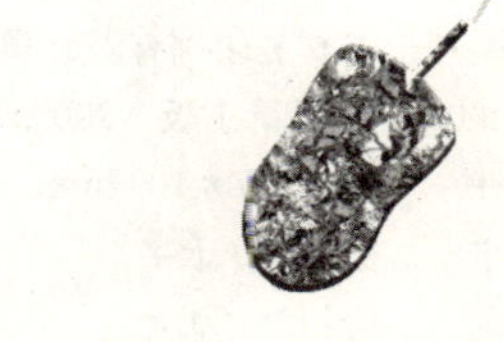

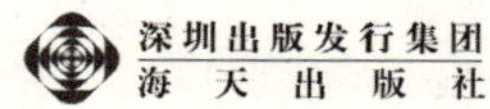
深圳出版发行集团
海天出版社

图书在版编目（CIP）数据
在线为王／〔美〕唐瑟尔著；张宁译 .－深圳：海天出版社，2009
ISBN 978-7-80747-532-3

I. 在… II. ①唐…②张… III. 计算机网络－情报检索 IV.G354.4

中国版本图书馆 CIP 数据核字（2009）第 028303 号

版权登记号 图字：19-2009-007 号

在线为王（ZAIXIANWEIWANG）
海天出版社出版发行
（地址：深圳市彩田南路海天大厦 518033）
http://www.htph.com.cn
订购电话：0755-25970306，83460397
出 品 人：陈锦涛
出版策划：毛世屏
执行策划：桂 林 黄 河
责任编辑：许全军 张绪华
责任技编：钟愉琼
版式设计：袁青青
封面设计：陈文凯 王政辉

深圳市美嘉美印刷有限公司印刷 海天出版社经销
2009 年 4 月第 1 版 2009 年 4 月第 1 次印刷
开 本：787×1092mm 1/16 印张：15
字 数：180 千字
定 价：35.00 元

网络时代的来临

在写这篇序言前，我刚读完路透社的一篇文章。文章说，2008 年中国网络利用率上升至 42%，互联网用户数超过了 3 亿，中国的互联网用户数量跃居全球首位。

由于无权使用中国的网络数据，本书仅基于美国以及其他我们所覆盖的地区（如英国、澳大利亚、新西兰、中国香港、新加坡）的统计数据写成，但《在线为王》所论述的观点确是放之四海而皆准的。互联网与我们的日常生活联系得越来越紧密——浏览新闻资讯、搜索产品和服务，所有这些活动都在很大程度上暴露了我们是谁，我们的动机何在。

自 2008 年 9 月《在线为王》在美国出版以来，新鲜出炉的好事坏事开始充斥着每天的报纸、电视、网站和博客。2008 年 11 月，美国人民选举出历史上第一位非裔总统。政治网站访问量的猛增，以及奥巴马就职典礼相关报道和视频的极高点击率，无不体现出美国人民急于求变的意识。在美国遭遇前所未有的衰退的同时，世界经济也在持续下滑。人们日常访问的网站以及相关的搜索词条也发生了相应的变化，只需对此稍加考察，我们就可以看出这场萧条是怎样影响我们生活的。有些行为上的变化是凭直觉做出的，如为了寻找降价商品以节省预算成本，我们会在网上达成更好的交易，但有些变化并不直观。鉴于人们对“名人崇拜症候群”的沉迷，也就不难理解近期奢侈化妆品网站访问量为何猛增了。

我肯定读者会从本书所讨论的网络行为中发现中美文化的显著差异。同时，我也希望读者能够找到我们之间的相似点——一条我们对周围世界作出人性化反应时所呈现出来的共同脉络。

比尔·唐瑟尔（Bill Tancer）

李国庆
当当网联合总裁
当当网 dangdang.com

从当当网到“在线为王”：Web 2.0 vs 网购 2.0

《在线为王》的原版书名是 *CLICK*。这个书名很形象，“Click”原意为“卡嗒声、咔嚓声”，现引申为互联网的专业术语“点击”。看完《在线为王》后，我的第一反应就是点开当当网首页，因为作者比尔·唐瑟尔的精彩描述激发了我想要细观自家门面的欲望。

设想我是一位网民，无意间进入了当当网的主页，如果我什么也不做——既不搜索，也不“点击”，那这种在线行为对当当网来说是毫无意义的。“点击”对于像当当网这样的购物站点来说是赖以生存的根本，小小的“点击”就是整个网络得以存在的基础。

“你在网络上看什么、干什么，我全知道”是《在线为王》的副标题。讲得有点绝对了，当当网还不能完全做到，但希望我们公司也有这样的“窥探”高手！作为一名网络数据分析师，比尔·唐瑟尔通过海量的搜索点击数据，对网民在线行为方式甚至背后的思维动机都做了一番有趣而深入的探索与分析。毫无疑问，这种研究随着我们步入Web2.0时代（甚或Web3.0）而变得迫切起来。

“网络”发展至此，一个全新的媒介时代来到我们面前。麦克卢汉曾说过“媒介即信息”，媒介的发展变迁甚至导致人们思维方式的转变。因此，了解人类这一点一击背后的思维动机就变得十分有必要了。另外，随着多媒体技术以及网络自身的发展，类似于优酷、校内网和当当网等新式网络媒体的兴起，正式宣告中国进入Web2.0时代（《在线为王》中是将Youtube，Facebook和Amazon列为Web2.0时代的三个典型代表）。细想之下，“虚拟网络”背后“真实的个体”成为这些新鲜事物最重要的共同特征(校内网的宣传语就是“因为真实所以精彩”)。“虚拟背后的真实”正是Web2.0时代区别于Web1.0时代的最大特征。其实比尔·唐瑟尔对于在线数据的分析研究以及《在线为王》的写就也正是由于作者痴迷于Web2.0时代造就的这份“虚拟背后的真实”——每一个“虚拟的”搜索数据背后都隐藏着一个“真实的”人，每一次“虚拟的”点击信号的同时暗示着某个“真实的”动机。

以上这些对于当当网到底有什么启示？如果说我们的社会经历了Web1.0时代和Web2.0时代的发展的话，那么当当网从“网购1.0”时代向“网购2.0”时代的全速发展也就势在必行。“低成本”是网购1.0时代最主要的竞争优势，但这主要是和地面销售相比较的。就房租来算，与西单图书大厦的中友百货每天每平米的价格大约是60元，而当当网每天每平方米的价格也只有0.35元。这种成本上的差距也反映在商品价格上。例如，《乔家大院》在地面店卖到30元，当当网可以卖18元。”但是一旦进入Web2.0时代，社交网站（以及互动百科和百度知道）的兴起让最有效的人际传播重新流行——用户可以直接将自己的使用体验和评价公布在网上，一起交流并互享心得。同时，网上商城商品门类和总量越来越多，各类产品信息的公开透明化（比价器的出现就是很好的例子）让我们相信：在 Web2.0 时代，虽然低价依然发挥着重大作用，但是它已经不是唯一的决定因素了。

以上所有事实都表明，网购体系也有必要升级换代，Web2.0 时代就是催生网购 2.0 诞生的时代大背景。针对 Web2.0“虚拟背后的真实”的特征，进入网购 2.0 时代后当当网推出的“搜索＋个性化”就是为此作出的积极回应。为了更好地说明这一点，让我先做一个假设：设想在一个偏远的小山村里有一个名叫“当当”的小杂货铺。那么这家杂货铺不仅供应全村人的生活必需品，而且很有可能杂货铺的老板熟识村里的每一个人，知道村里每个人的喜好和购物习惯。比如张三喜欢赊账，但他的信誉不错，所以老板每次都肯赊购给他；再比如这个老板知道李四的儿子喜欢吃糖，所以每当李四来打酱油时，他总是顺便提一下最近店里进了好吃的水果糖……不难想象，这家杂货店的生意肯定非常不错，为什么？对他来说，他的顾客很可能就是邻居，这个邻居在他的心里是非常具体真实的形象，他知道邻居的个性和喜好，因而也就能够投其所好，或者说能够贴切的满足他的需求。实际上，这个杂货铺老板的成功诀窍就是他为顾客提供了更为“个性化”的服务。

目前“搜索＋个性化”的服务策略其实就是这个故事的现代版。只不过现实中不占地理优势的当当网只能通过“搜索”或者顾客的“点击”来了解顾客，摸索他们的脾性，从而将虚拟网络背后的顾客具体为个性化的真实个体。要做到这一点就必须掌握一门“读心术”——“读懂”顾客之心的技术。阅读《在线为王》之后，你将发现它不仅唤醒了我们必须掌握这种“读心术”的意识，同时还会体会到在运用这种“读心术”之后所获得的巨大成就（也许还有巨大利益）。作者就曾通过在线网民搜索词和搜索量的相关分析成功预测了奥巴马总统的当选。另外书中引用的案例都非常有趣。比如海量电子邮件广告（垃圾邮件）对于“伟哥”这类的廉价药品是比较有效果的；比如通过搜索词发现美国民众最为郁闷的一个星期是感恩节；从研究数据来看，有些厂商投放在网络上的广告根本就没有使用顾客感兴趣的关键词。

从上述案例汲取的经验对当当网的发展极具启发性：可否调整我们的邮件广告投放策略，使其偏重于某些产品的宣传？中国人是否也有最郁闷的一个星期？如果有的话，我们是否可以调整当当网在“中国人最郁闷星期”的页面以及相应的推荐产品（比如抗抑郁药或幽默图书）？当当网是否应该也关注与报纸杂志等传统媒体的营销合作？当当网有没有提供客户感兴趣的关键词以促成他们的进一步“点击”，从而以速度把顾客想要的商品陈列其前？

阅读《在线为王》是一个受益匪浅的体验，而作者诙谐生动的语言又将这种体验上升为一种智力的享受和放松。不过最重要的是，这本书不仅肯定了当当网今后的发展方向，而且更加巩固了我们必胜的信心。

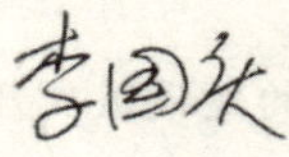

刘胜义
腾讯公司执行副总裁
Tencent腾讯

整合网络平台所带来的商业价值

非常荣幸能为这本已经引起国际广泛关注的畅销书《在线为王》作序。

这本书的真正涵义，不只在于我们是否能掌握网民的在线行为轨迹，更重要的是，我们有必要严肃地看待在当今科技发达的社会中，一种崭新的社会群体行为在互联网高速发展及其广泛普及的渗透下，已经不知不觉地形成看似无形但却有着实质影响力的群体行为。这个事实的重要性，不仅仅应当从商业模式挖掘或优化的角度来探索，而更应该从社会学和经济学的严谨角度来研究。

2008年是中国互联网媒体的成年礼之年。这一年，互联网在中国开始被公认为有资格承担主流媒体的神圣使命。中国网民的影响力，在我们经历的几项重大事件中，全面地体现出来。2008年5月举国哀悼的汶川地震，8月全民欢呼的奥运盛事，中国网民轻松点击鼠标来倾情参与。每一份看似微小的个人力量，却给中国社会带来了前所未有的震撼。不在乎一个人能做多少，只要每一个人都多做一点点，集合起来的影响力将是巨大的——这就是互联网能产生大回响、大影响的基本理念。

中国已经成为全球最大的互联网大国。互联网的发展对许多行业来说，是一个前所未有的商机。目前中国3亿多网民，数量只占了总人口的20%左右。相比美国的互联网高达80%的渗透率，这意味着互联网市场依然有个非常光明的前景。要真正全面地去挖掘这个商业机会，最基础的起点就是要深入了解中国网民的在线行为和思维方式。

腾讯公司这10年来在中国互联网行业取得了一定的成就，这有赖于公司对完善用户体验不屈不挠的追求。全心理解和信服这个驱动力，是任何企业想要借助互联网来优化其发展战略的必修课程。从深入民心的即时通讯工具，到“在线生活”平台的圆满呈现，再到面向未来在线媒体领域的“腾讯智慧营销平台”的推广，这些运营模式的演变和优化，都体现了腾讯人将理解并尊重用户需求作为满足用户体验规划的基础理念。

在这个理念的追求上，《在线为王》是不可多得的佳作，是不可或缺的精神食粮，是值得细细品味的网络媒体管理工作者的必读书。

权威媒体推荐 Click

What Millions of People Are Doing Online and Why It Matters

比尔·唐瑟尔深入网络，捕捉人的本性和内心。

——《华盛顿邮报》(*Washington Post*)

全书见解深刻、观点独到，对当代网络用户的上网心理与爱好进行了创造性的调查和分析，是一本不可多得的网络营销与运用的经典入门之作。

——《出版商周刊》(*Publishers Weekly*)

比尔·唐瑟尔指出，我们上网点击什么内容，我们就是什么样的人。唐瑟尔从包含数千万网络用户上网信息的庞大数据库中，发掘出许多深刻新颖且妙趣横生的内容。

——《今日美国》(*USA Today*)

唐瑟尔深入研究了数千万网民的日常上网习惯，对大大小小的问题作出了回答，能够有效帮助读者准确地把握市场走向与营销脉络。

——《时代》(*TIME*)

人们每天在网上留下的神奇足迹是巨大的宝藏。唐瑟尔通过这个宝藏，向人们揭示了网络高手如何极端地利用这个宝藏来发现我们，研究我们，最终控制我们。

——《互联网周刊》

10年前，人们还为“网络社会”备感迷惑，如今奥巴马已成功借助这个“社会”入主白宫，成为美国首位依靠互联网成功的总统。他到底是如何做到的？比尔·唐瑟尔将为我们一一掀开所有底牌。

——吕英博《经济观察报》首席记者

《在线为王》给我们展现了一个丰富多彩、充满机遇和宝藏的互联网世界，希望读过本书的你，也能喜欢互联网，早日加入互联网营销行列中来。

——程　悦　*51.com* 营销中心副总裁

我们身处一个庞大的消费社会中，经济学中所谓的“理性人”其实是不存在的。但从数据的角度来看，其实一切皆可捉摸，因为这世界存在着巨大的无形监控器。对于一切在线行为，都是点击无心，在线有意。

——魏武挥　*BlogBus.com* 副总裁兼首席运营官

本书结集了网络营销、电子商务、网络炒作等相关经典案例分析。这本书不仅仅适用于各个层面的企业员工，而且适用于公务员、青年学生、自由职业者等一切有志成功之士。

——黄相如　上海八匹马网络传媒 CEO

读者推荐Click

What Millions of People Are Doing Online and Why It Matters

互联网用户的《魔鬼经济学》

目前，我正开展一项新的网络信息业务，《在线为王》帮我选择了最有价值的项目和客户。比尔·唐瑟尔通过对话的方式，与读者就搜索信息、网络交流等话题展开了讨论。全书案例丰富、论证严谨，但又不失可读性与趣味性。《在线为王》与《魔鬼经济学》有着异曲同工之妙，读者可以相互借鉴与参考。

我的密友，我的“情人”

最开始读《在线为王》时，我以为它不过是一本空洞地讨论如何利用搜索引擎开展业务的书。当我深入地读下去，却发现它逐渐向我展示了一个全新的世界，其中的许多概念、趋势和行为方式都是我见所未见的。这也让我对网络数据、在线搜索及其背后隐藏的秘密产生了浓厚的兴趣。

《在线为王》不仅适合于期望通过网络开展业务的商业人士，同时也是每位渴望了解网络、近距离观察社会的最好选择。读完本书，每位读者都会在解惑的同时产生更多的疑问，并学会用前所未有的方式去看待网络以及周围的人和事。一本在手，受用终生。

贴近现实且生动有趣

整本书条理清晰且厚薄适度，读起来很舒服。读完后，我会不自觉地以一种更加系统的方式去思考我的网站和平日搜索的内容。要在网上开展业务、了解客户及其行为习惯是至关重要的。《在线为王》能帮助我们得到更多的关注，并学会更多的技巧。

网络数据挖掘的全新视角

在《在线为王》中，作者比尔·唐瑟尔以一种直截了当的方式对复杂的网络数据进行了深入的挖掘，并通过这种挖掘的有效分析预测了市场行为，这无疑对传统的营销理念提出了挑战。他的许多观点都能在令人耳目一新的同时引发读者的深思。全书案例丰富、行文朴实且不失趣味色彩。

《在线为王》是对神秘网络世界的系统而全面的分析

作为一位100%依靠互联网谋生的网民，我必须承认比尔·唐瑟尔的《在线为王》是一部令人震撼的作品。正如唐瑟尔在书中所指出的那样，我们对网络行为的认识有时可能是完全错误的，而唐瑟尔的方法则能帮助我们正确地认识并处理这些事务。凭我15年的网络贸易经验来看，书中的有些内容我并不陌生，但随着互联网逐渐成为当代社会的主流媒体。《在线为王》一书还是不失其新颖性和指导性。所以，无论你是靠上网消遣、打发时间的普通用户，还是像我一样以互联网谋生的高级网民，《在线为王》都是一部不容错过的好作品。

互联网将大大加速人类社会全球化的进程

从对人类的影响力来说，个人电脑及网络的出现，无疑将使得三次工业革命相形见绌。《在线为王》就是一部研究互联网对人类影响的著作，包括互联网的出现怎样丰富了人们的生活，怎样定义了新业务开展途径等。同时，比尔·唐瑟尔还通过大量事实论证了沉迷于赌博、色情等不良网络文化所带来的害处。

妙趣横生、引人入胜，它为各类聚会提供了绝好的话题

作为一位闲暇时上网消遣的普通网民，我原以为《在线为王》只是一本依靠网络数据说话的枯燥之作。但在阅读的过程中，我却禁不住哈哈大笑，为其严谨却不乏幽默的高超智慧所打动。书中的许多发现都令人诧异且不禁莞尔，例如人们上网搜索最多的10个“怎样…”之一是“怎样使自己悬浮在空中！”这样的发现及背后隐藏的秘密我担保你是第一次听说。我甚至会花时间去记下这些案例，因为这将是我在聚会中除天气以外的又一绝好话题。

网事并不如烟

你知道吗？有时候你在网上不经意地一次点击，很可能泄漏你的内心秘密。你的每一次点击，都会被网络自动记录。点击无心，在线有意。你的每一次点击，除了增加网站的点击量，还会成为网络行为研究的数据。你的每一次点击，甚至会成为一个重大理论发现的原始数据。

网络行为研究逐渐升温

网络行为研究已经成为美国新的研究课题。芝加哥大学经济学教授奥斯坦·古尔斯比 (Austan Goolsbee) 等人甚至因为在这个领域的出色研究而成为美国新总统奥巴马的经济顾问。2002 年 6 月，古尔斯比与哈佛大学肯尼迪政府学院的布朗 (Brown) 教授合作，在《政治经济学杂志》(*The Journal of Political Economy*) 上发表了题为《互联网提高市场竞争程度？——来自人寿保险业的证据》的论文，第一次提供了关于互联网对传统市场价格竞争冲击的实践证明。古尔斯比还对亚马逊网站上新书的畅销排名进行了研究。他发现：当一本新书的畅销排名提升1倍时，其销售额也会大致增加1倍。例如，一本排名2 000位的新书比另外一本排名1 000位的新书销售额大约少一半。这就意味着，排名越靠后的书若其销量略有增加，就会使其排名大幅提升。但是，对于排名十分靠前的新书，要想继续提升排名就困难多了，因为排名已经很靠前的书销售额必须增加至少1倍，才会让一本新书的排名提升1倍。一般而言，网站提高图书售价会抑制用户的购买量，但不同的网站销售额下降的原因却不尽相同。相对而言，亚马逊如果提高图书售价，其销售额下降百分比明显要低于其他竞争对手。一方面是因为亚马逊的品牌效应在起作用，另一方面是因为网上购书的市场环境已日趋成熟，大多数固定读者不会因为图书涨价而放弃这种购物方式。

美国《连线》(*Wired*) 杂志主编克里斯·安德森 (Chris Anderson) 也是位网络高手，他喜欢从数字中发现规律，特别注意到了长尾现象。2004年他出版了《长尾理论》(*The Long Tail*)。当一本新书，比如《在线为王》刚面市时，几个读者在亚马逊网站上发表了评论，指出前年已出版过一本类似主题的书，名叫《长尾理论》。当其他购书者看到这些评论，查到了以前的书，把它放到购物车中。很快，亚马逊的系统分析软件觉察到了购买行为中蕴藏的这种规律，即买新书的读者也会买以前出版过的相关书籍，于是亚马逊开始配套推荐这两本书。更有甚者，一些读者发现，出版本书的中资出版社此前出版了《魔鬼经济学》(*Freakonomics*) ——商战中人手必备之作，读者们对其非常认同，还写下了许多热情洋溢的评论。更大的销量，更多的自动推荐，从而形成一个强大的良性循环。这种由此及彼、由小见大、由少积多的销售方式就是长尾现象。简单说来，就是零碎的尾货也能赚大钱。这种现象只有在网络时代才能做到，这正是因为网络数据的统计和数据研究分析具有强大的功能。

成功预测奥巴马当选

网络市场研究公司Hitwise总裁兼首席分析师比尔·唐瑟尔绝对是这个领域的顶尖权威，是名副其实的在线之王。唐瑟尔通过对网络流量数据的分析，成功地预测了奥巴马战胜麦凯恩，成为美国新总统。

把唐瑟尔书中的流量分析方法应用于总统大选分析，通过对双方网站点击量、点击率、点击人、点击源、点击人次等方面的统计分析，对Google等网站有关奥巴马、麦凯恩、希拉里等关键词搜索的流量分析，我们就可以比较准确地判断出他们各自的人气和支持度，从而有根据地预测谁赢谁输。

从2007年起，比尔·唐瑟尔和他的hitwise网络公司一直跟踪美国大选，为奥巴马、希拉里和麦凯恩阵营提供网络数据分析。奥巴马阵营的谋士们尤其重视这些分析结果，并据此不断调整竞选战略策略，保持在民意中的领先地位，直至最终夺取白宫。

早在2008年9月3日，他就通过对Google搜索数据的研究断言，佩林可能赢得了Google，却输掉了选战。因为他发现虽然一时间佩林的检索词条多于奥巴马，但人们输入的搜索词条更多集中在“美女萨拉”、“性感佩林”、“裸照”之类，而忽视了她的竞选政纲和立场观点。这一调查结果增加了奥巴马－拜登的信心，很快调整，从容应对。

为什么要用网络调查？与传统的调查相比，网络预测更可信、更靠谱吗？

这是所有翻开本书的人心底的疑问。毋庸置疑，真正进入投票站投票的选民与登录网页的网民绝不可能是同一群体，所以用网络数字来预测最终的结果确实是一种冒险行为。那是否意味着网络预测没有存在的意义呢？它有它的独到之处。可以先换个思路，对网民会选择哪位候选人不必太过执着，而是另辟蹊径，可以看看关于美国大选、关于总统候选人，网民会搜索些什么。这样一来，你便可以揣测出人们到底想知道什么？最感兴趣的是什么？

但又会有人问，难道就不能通过传统的民意调查得到这些答案吗？不可否认，在美国历史上，种族歧视是非常耻辱的一笔，也是不能够轻易抹去的一笔。而奥巴马作为非裔美国人竞选总统，不能不让人联想到他的肤色会对他的竞选有何影响。但如果你走上街头访问或打电话调查，问调查对象："你会选一名黑人当总统吗？""你是更看重候选人的宗教还是他的观点？"你觉得自己会得到真实的答案吗？这就像你想调查人们有没有浏览过色情网站，你会直接去问对方"你访问色情网站吗？"绝大多数的人会告诉你："不，我不访问色情网站。"但是事实到底如何，自无需我在此赘言。

那人们为什么不如实回答呢？这就涉及到作者在书中所提到的"认知失调"理论。一般情况下，个体的态度与行为是相协调的，因此不需要改变态度与行为。假如两者出现了不一致，如做了与态度相违背的事，或没做想做的事，这时就产生了认知失调。

既然存在着认知上的不一致，那么调查员与被访者有直接接触的民意调查自然就不够可信了。

然而网民上网搜索的行为都是匿名的，而且比尔·唐瑟尔观察的网民样本动辄就是数以百万计，所以这就是一个巨大的信息源，加以分析与应用，便可得出网民对候选人的兴趣所在，然后竞选团队便可以有章可循地制定竞选策略，达到有的放矢、对症下药的效果了。对于候选人的诸多条件来说，选民到底更在意哪一个呢？是候选人的政治纪录？他们在关键问题上的立场？抑或只是一个基于其背景甚至外表的本能直觉？

再看看比尔的数据，它会告诉答案。以 2007 年 1 月 19 日为分界线，在此之前，网民对奥巴马所进行的搜索中，大部分是查询奥巴马的出身背景，2004 年他在民主党全国代表大会上的基调演讲，以及一少部分他的宗教信仰。而在 2007 年 1 月 19 日，福克斯新闻曝料，称奥巴马的童年曾在一个伊斯兰神学院上学，从此将奥巴马与伊斯兰宗教，进而与塔利班扯上了瓜葛。此时，围绕奥巴马的搜索发生了戏剧性的转变。在含有候选人名字的检索中，对“巴拉克·奥巴马、穆斯林”的搜索从第 10 位升至第 5 位。与在曝出新闻前一周的搜索量相比,后一周对含有“巴拉克·奥巴马”的搜索也翻了一番。在神学院的传闻之后，对奥巴马宗教信仰的搜索明显上升，尤其是对他与穆斯林教会关系的搜索。

从对候选人的搜索内容来看，有些选民的决定因素并不在于政党，甚至也不在于候选人就某些具体问题的立场。对大部分的网上选民来说，候选人的性格甚至外表都可能影响他们的选择。尽管可能不愿意承认，但类似于宗教背景之类的问题起了至关重要的作用。

对候选人的搜索可能并不代表对他的政治观点感兴

趣，而是关心他的私生活，可以说这对于他领导这个国家并没有多大的影响。再例如在2008年1月，对共和党前竞选人约翰·麦凯恩最常见的搜索则集中于他的妻子、家庭和女儿。在同一时期，网民对希拉里·克林顿的搜索则是在找笑话、漫画以及她在新州预选前的哭泣。

搜索数据告诉我们：作为对每位2008年总统候选人感兴趣的一类代表，网民更感兴趣于候选人的外表，而不是他们的立场或投票纪录。由此看来，网民们对政治立场没那么感冒，而是更看重候选人的个人魅力。很显然，无论是外表、气质，还是演讲术，奥巴马的魅力和风范更胜一筹，博得众多网民的欢心也完全在情理之中。

数据狂人——比尔·唐瑟尔

我国在网络行为研究方面仍步人之后，关键是我们没有网络数据分析师。中资出版社的同仁能把这方面的前沿性研究成果推介给国内读者，也算是先行一步了。

一直以为，翻译不过是将一种文字解说成另一种文字、把一种语言转化成另一种语言，方便人阅读而已，译者只不过是比机械软件更为人性化的一个工具，所以它对我而言更像是一类竞技游戏，要求你具备准确、完整、速度和力量。而《在线为王》却将翻译理论完全颠覆。除了应用上述竞技技巧外，我不得不摸索练就一套新的本领：推理、判断、假设、验证，天啊，这简直就是一款解密游戏！

刚开始翻译本书时，我和合作者刘娜都有点不知从何下手。一开篇就写色情网站，实在不符合我的阅读习惯，多少有点让我冒汗。第1章一开篇，作者就不慌不忙地给你讲故事，当时还真不知道他最后要说些什么，看来作者喜欢暗藏玄机。果不其然，故事讲完后，作者的意图就逐渐浮出水面，原来他是要突显网络调查与普通的社会调查之大不同！一来二去，我逐渐摸清了作者的“套路”，之后的翻译也自然顺畅了。而且我还建议读者将此书当作一本侦探小说来读，在一开始就可以和书中的主人公——作者一起，搜集资料、查询线索、“侦破”一起起网络谜案。

此书如此益智，完全归功于在线研究之王比尔·唐瑟尔。也许你上学的时候学过统计，但我敢保证，你从没接触过那么庞大的数据；也许你调研的时候设计过问卷，但我敢打赌，你从没研究过那么多的样本。唐瑟尔所在的Hitwise公司为美国网络流量分析的权威，专门利用网络的力量为客户提供战略指导。而唐瑟尔本人也并非浪得虚名，作为Hitwise全球市场研究的总经理，他不仅带领分析团队为各行各业的客户解决疑难杂症，还在世界各地大搞副业——为《时代》杂志撰写专栏，到各大院校举办演讲，在电视上发布预测……也许正是因为这些原因，他被《电视周刊》评选为“2008年最值得关注的12位人士”之一，真是实至名归。

如果说这些金光闪闪的光环只是外界对他的赞许，那你应该看看唐瑟尔所使用的“真材实料”——他可以随时使用史上容量最大的互联网样本，随手就能查阅分布于164个不同行业、总数多达50万家的网站资料，内容天天更新，而他所采用的样本数量动辄就高达10余万！

在线行为研究的宝典

也许看到这里，你会将这本书定义为一本网络分析指南，或者一本统计方面的教科书，当然你可以这样认为，因为这里蕴含着丰富的分析技巧和统计方法，它所传达给你的知识一点也不逊色于任何一本相关读物。但也不要因此就悲观地认定它晦涩难懂或高深莫测。在你合上书前，不妨翻看一下目录，其实这里谈及的话题离你并不遥远。

书中内容不仅涉及通俗的大众话题——美国偶像、明星效应、追星族，也有专业的营销领域——网上赌博、舞会晚装、网络销售，有研究经济的金融市场套汇，也有研究网络发展的新趋势，作者甚至还用网络这扇窗口透视了人们最隐密的内心深处——色情网站，人们害怕什么？人们想要什么？作者运用丰富多彩的案例，循循善诱，抽丝剥茧，深入浅出，为你我揭开网络数据背后令人意想不到的真相。

唐瑟尔所研究的议题涉猎广泛，完全超乎你的想像：你知道“后舍男生”吗？没错，他们正是当今中国炙手可热的网络红人，但从作者的描述中，你可以看到他们已经“蜚声国际”了。他们与网络百科全书有什么关系？你知道美国最当红的女子摔跤手是谁吗？她与失业救济金、与金融市场套汇又存在什么联系？你知道世界上谁交友最广泛吗？为什么她的网友数目多达 1 645 873 名，网页浏览次数接近 3 亿？你在年初制定过减肥计划吗？你瘦下来了吗？还是每年年初都一而再、再而三地计划着减肥，结果只是“越减越肥”？人们为什么爱看和爱听八卦新闻？人们最爱在网上搜索什么问题？什么是最令人害怕的？是孤独，还是亲密？为什么星期五浏览色情网站的人最多？只有有钱人才参与网上赌博吗？视频网站想要迅速窜红最快需要多长时间？歌星如何利用网络扬名立万、大红大紫？用网络数据能预测出下一个美国偶像吗？下一支流行乐队呢？下一届美国总统呢？

这些看起来似是而非的疑问，在本书中你完全可以得到准确无疑的解答。每一章都探讨独立的话题，而各章之间又存在千丝万缕的联系，使得全书既各具特色，又浑然一体。在作者的带领下，相信你不仅可以解开一个个出人意料的谜题，更让你在潜移默化中了解到网络分析的真谛。妙趣横生的案例、丰富多彩的经历、机智幽默的言语，在让你大呼过瘾的同时，更让你愈发深刻地了解了自己。

相信此书必将带领读者进入一个引人入胜的全新领域，为商业界掌握客户需求、为企业界开拓市场提供新视角，为科研工作者提供查询资料的新方法。

正如著名国际问题专家魏宗雷在审校《在线为王》这本书时所说的那样：在网络信息时代，不在线就不在行；搞市场调查研究，不看民调看点击。

祝你阅读愉快！请记住：你浏览网页，痕迹留在网络里，而阅读本书，知识留在你脑海里。

张 宁

目录

What Millions of People Are Doing Online and Why It Matters

ClickClickClickClickClickClickClickClickClickClick

中文版自序　网络时代的来临　3
专家推荐I　从当当网到“在线为王”：Web 2.0 vs 网购 2.0　5
专家推荐II　整合网络平台所带来的商业价值　9
权威媒体推荐　11
读者推荐　13
译者序　网事并不如烟　17
前言　29

第1章　在线黄、赌、毒背后的经济暴利　39

“性”能出售，“性”有时还会被偷走，到底是怎么回事？
不同年龄、收入和地区的人，使用网络的情况存在哪些差异？
赌博网站、色情网站究竟吸引哪类人群？
世界上规模最大的网上书城亚马逊如何借助网络开辟销售渠道？
色情图片、色情视频和色情文学，男人和女人各偏爱什么？
垃圾邮件如何成功避开检测，获取经济暴利？

第2章　如何玩转网络　59

美国大选前的民意调查为什么与实际的选举结果大相径庭？
获取被调查对象真实想法的关键是什么？
选民关注候选人的政治立场、私生活还是外表？
从搜索词条数据中我们能获取怎样的商业利益？

第3章　搜索经济　77

5月才举办的舞会为何在1月就达到相关词条的搜索高峰？
看似闲聊的信息，为何蕴含着无限商机？
在Facebook和Myspace上，你可以看到朋友们在干什么……

为什么“9·11”事件后，订婚戒指的销量会大增？
为什么卡特里娜飓风肆虐后的一周，出现结婚礼服搜索高峰？

97 搜出一个新年黄金周 第4章

为什么滞销的巧克力两周内销量猛增？
珍妮·杰克逊走光给谁带来了好处？
美国广播公司著名新闻主播的死亡吸引哪些访客？
为什么搜索量平稳的“肺癌”，突然间飙升到3年来的最高点？

115 如何利用名人赚取点击率 第5章

为什么名人的性丑闻视频成为称霸搜索引擎的最快捷径？
我们到底迷恋名人什么呢？离奇死亡、多变婚姻……
人们对恐怖片痴迷到何种程度？
男人和女人在访问名人网站上存在哪些差异？
欧普拉在竞选关键时刻如何助奥巴马一臂之力？

129 搜出你的喜怒哀乐 第6章

人们最有可能被什么事情吓到？
有哪些问题是我们想问却问不出口的？
年轻男孩的搜索偏好有哪些？
如何找女朋友，如何调情，如何接吻还是如何做爱？
为什么对包含有“why”的搜索都集中在春季和秋季？

147 Web2.0的长尾时代 第7章

“后舍男生”如何通过网络假唱成为摩托罗拉中国地区代言人？
为什么毫无经济利益驱使，有人愿意花时间撰写维基百科？
为什么酒店五星级AAA等级都不及网上几条评论来得实在呢？
YouTube、Flickr和维基百科的访客存在哪些差异？

167 数据风暴与媒体变革 第8章

如何从看似凌乱的数据中挖掘出潜藏的规律？
美国最火爆的电视真人秀节目《学徒》如何与其赞助商寻求共赢？
为什么金色云杉、哈利波特、大卫贝克汉姆成为王牌搜索词条？
庞蒂克新车的搜索量如何在几周内翻了两番？
在线媒体与传统媒体是如何紧密相连的？

第9章 数据套汇让你抢先商机 181

真人秀与数据套汇有何关系?
搜索量可以转化为人气指数吗?
基金公司、投资银行、亚马逊等在线公司如何运用网络数据去获利?
怎样抢先知道住房、就业和消费领域将要发生什么?
焦虑的房主如何知道市场上哪类房子正热销?
自己的房子在疲软的市场中有没有跌价?

第10章 创新跨越鸿沟 197

新品种从诞生到完全被接受，花了近12年的时间，原因何在?
Google 如何战胜 Yahoo!、MSN 等当时顶级的搜索引擎公司?
YouTube 在短短35天里，如何做到从榜上无名到一鸣惊人?
波希米亚一族、才智双全者和青年数码英才的网上行为有哪些不同?

第11章 超级链接引爆在线流行 211

如何引发网络蝴蝶效应，让无名小卒大红大紫?
在线社交网站是否破坏了邓巴的“150法则”?
为什么电子泼妇的好友多达1 645 873名，网站访问量超过2.5亿?
为什么第一个在线社交网站 Friendster 的成功令网站自身深受其害?
人气超旺的艺人是如何进行炒作的?

术语表 225
后　记 我们是谁?这重要吗? 227
致　谢 233

前言

Click

What Millions of People Are Doing Online and Why It Matters

我在旧金山市区上班，家在旧金山湾区的圣马特奥。有一次，我在上班途中收听了一个访谈节目，对其中的观点不敢苟同。在节目中，一位来自英国的心理学家谈到他1月份第三个星期的生活，他说那个星期是他一年当中最为郁闷的一个星期。为了证明他的结论，那位心理学家列出了各种具体理由，并运用数学公式进行了精确的计算和证明。他的理由包括元旦定下的全年计划没有完成，节假日信用卡高额透支以及天气状况糟糕等。把上述理由加在一起，一年中最为郁闷的一个星期便诞生了。这听起来似乎有些道理，但着实难以令我信服。

尽管我也爱用数学思维来解决问题，但“郁闷”是一种感觉，怎么可能完全用数学公式来计算和推理呢？即便采用精准可靠的大样本抽样调查，也不可能给出绝对准确的答案。因为人的感觉是有偏差的。我之所以不认可节目中提到的方法和观点，是因为大约1个月前，我对“郁闷”作了一个大致的分析和总结，得出的结论是：一年当中，人们最为郁闷的一个星期是感恩节（每年11月的第4个星期四为美国的感恩节。——译者注）前后的那 7 天。那这个结论又是如何得出的呢？

我从数以亿计的美国网民中抽取了 1 000 万个样本，并对他们何时在互联网上搜索“郁闷”这个关键词进行了调查。我的想法是：作为现代社会的一分子，如果在一年中的某个时候感到郁闷，那么就会有相当一部分人会选择向互联网求助。因为在网上，人们可以肆无忌惮地提问或求助，丝毫不用担心会给自己带来麻烦。Google、Yahoo!、MSN 等都是人们常用的搜索引擎。

我的第一次调查历时两年，但结果并不令人满意。由它推算出的郁闷期跟学校的教学进度如出一辙：在考试期间，人们对“抑郁”（depression，有“抑郁”和“萧条”之意。——译者注）的搜索量大大上升。原因是显而易见的：每年一到考试那段时间，学生们便纷纷上网检索“经济大萧条”（the Great Depression），以应付学校布置的考试论文。为了规避这个误区，我对调查方法作了一些修改，增加了对一般抗抑郁药搜索量的跟踪统计，包括舍曲林 (Zoloft)、欣百达 (Cymbalta)、依地普伦 (Lexapro) 等。在排除了“经济大萧条”的搜索量后，我对抗抑郁药物的搜索量进行了统计分析，结果发现，在感恩节前后的一个星期内，有相当多的人会求助于互联网，以期排解节日期间的惆怅情绪。

对我来说，今天的早晨一如往日，并无二致。不管是开车上班的路上听广播、看报纸、读新闻，还是和同事谈话时听到的只言片语，我都会飞奔到电脑旁，打开搜索引擎或相关网站，以便能更深入、更广泛地了解某个话题。有时候，脑子灵光一现，我会转而注意相关关键词的搜索量、搜索频率等，看能否挖掘出相关话题与搜索数据之间的联系。这么做有时会引发一些非常有趣的问题。比如说，为什么每年1月份的礼服会热卖？女摔跤手与金融套汇之间有何联系？色情网站在星期几的访问量最大？人们最有可能被什么事情吓到？有哪些问题是我们想问却难以启齿的？为什么新网址Web 2.0会促使我们的社会出现全新定义的成功者和失败者？

上述问题都能从人们的网络行为中找到答案。我经常花上一天一夜来研究这些数据。很多个夜晚，我独自一人徜徉在数据的海洋中——交通图、调查表、统计数据、心理绘图……我试着从不同的角度来分析这些数据，着实感到其乐趣无穷，毫无倦意。

一开始，让我震惊的不仅仅是单纯的数据。就拿互联网的使用来说，如果我们花足够的时间分析这件事所涉及的方方面面，就可以更加清楚地了解用户到底都是哪些人？这些用户在想什么？根据上述调查，这里的“用户”是指我选作样本的1 000万美国网民，其产生的数据库就是这些网民每天上网进行的一切匿名活动。Hitwise公司的诞生正是基于这样的思想。我现在担任Hitwise全球搜索部总经理一职。

有时，我很难准确地回想起在到Hitwise公司工作以前自己都做了什么。但我却无法忘记克里斯·马厄(Chris Maher)打来的那个推销电话。他当时是Hitwise公司美国市场部总经理，后来成了Hitwise公司的总裁。就是这个电话彻底改变了我的整个职业生涯。也正是这个电话，让我决定接受这份能接触到如此丰富数据的工作，也使我后来很快坐上了国内外数家知名大公司的贵宾室，使我得以受邀在顶级大学作演讲，得以在企业重大场面上作主旨演讲，也使我成为了《时代》杂志每周一期的在线专栏作家，并最终促成了此书的出版……当然，我当时并不知道这个电话将会使我的生活发生如此巨大的变化，当时我还因办公桌响起的这个破电话打乱了我的沉思而恼火呢。

那段时间我在一家名叫 LookSmart 的公司任职。接到那个电话时，我正在和销售及业务发展部经理忙乎着。LookSmart 是一个网络搜索引擎，我们的计划是通过雇佣一大帮编辑人员进行人工输入以使搜索结果更加智能化和人性化。作为市场研究部主管，一旦接手一个大项目，就会感到手足无措。

LookSmart 的利润主要来源于广告商，经营某种产品或服务的广告商只需支付一定的费用，就能在用户搜索相关关键词的界面上投放自己的宣传广告。举个例子，假设我是沃特福德（Waterford）水晶销售商，我就希望用户上网搜索“沃特福德水晶”或“水晶”等关键词时，搜索结果中会相应地出现我的水晶网店的网址。这样用户就有可能通过相关链接访问我的网店，并最终达成交易。为了达到这个目的，我会与 LookSmart 建立业务合作，如果有人点击沃特福德水晶链接，那么我就会支付相应的广告费。例如用户每点击一次，我就要支付 0.1 美元的广告费。

但是从销售的角度来看，这样的业务模式仍然存在较大的问题。LookSmart 的销售部门对用户就特定关键词的搜索量基本没概念，如“沃特福德水晶”或“水晶”等。实际上在当时，任何一家搜索引擎公司都是如此。这就意味着企业所进行的广告销售从根本上来说是盲目的。有时候，销售部门耗费了大量时间和精力拉拢广告，到头来却发现根本没有用户会上网搜索广告客户感兴趣的关键词。

那天，在 LookSmart 大楼的咖啡厅里，我们的销售及业务发展部经理罗伯特·金伯格（Robert Goldberg）对上述问题做了解释。顺便提一下，LookSmart 大楼是由位于旧金山第二大街的旧仓库改造而成的，顶端采用老式横梁结构，空间开阔，让人不由地回忆起当年网络公司刚刚兴起时的情景。金伯格先生谈到：设想我们有一支销售队伍，负责销售仓库存货，但相应的报告体系却没有建立起来，甚至也没有门窗可以窥见仓库内的情景。我们无法得知仓库内的存货情况，只能猜测。企业在对销售物资完全没有搞清的情况下就开展销售，其效果之差、效率之低就可想而知了。

罗伯特曾用光盘给我拷贝过一套关于 MSN 搜索引擎一周搜索量的数据。实际上，那是我们当时最庞大的一套数据了，统计量高达 4 000 万！我的工作就是采用适当的方法，从这些数据中归纳出库存（即特定关键词的搜索量）的种类、数量，不同种类商品的搜索量以及人们的搜索习惯、搜索方法等。我把前 1 万个数据复制到 Excel 表格里，坐在电脑前聚精会神地工作了 1 个多小时，希望能从中找到答案。

就在这时，克里斯的电话打来了。我烦躁地抬起头，抓起电话，心里诅咒这个电话打得太不是时候啦！但仔细想想，其实那时才是最恰当的时机，不过这是后话了。当时我急于向罗伯特汇报存量的估计情况，着实腾不出时间来应付电话销售，因此我向克里斯表示了歉意，并约好第二天再通过电话联系。在挂电话前，克里斯问起我在 LookSmart 所遇到的机遇和挑战。当时我被庞杂的数据弄得头昏脑胀，于是决定向新朋友克里斯倾诉一下。我只给了他一小点提示："我正在努力估计人们对婚礼的兴趣大小。"（当时我想，如果我此刻接到的是一个推销员的电话，或许对我的研究有所启发！）

第二天，在接到克里斯的电话之前，他给我发来了一套 PPT（PowerPoint，幻灯片），共 45 张！我想，这可不是什么好兆头。事实上，我故意让电话 30 分钟打不进来，一旦有情况我便可以逃之夭夭。

克里斯的第二张幻灯片就完全把我吸引住了。在那之前，我手头样本的总数（在统计学里，样本由从总体中抽取的一定数目的个体所构成。——译者注）大概是 4 万～10 万，我一直认为这样的样本总体已经够大了。但在第二张幻灯片里，克里斯给到的样本数目就高达 10 万！这简直令人难以置信！

我突然意识到，之前我一直试图用 1 周的数据来分析搜索量，但克里斯的数据已经清楚地显示出人们网络行为的周期性和规律性——夏天是结婚旺季，因而 6 月、7 月、8 月人们对婚礼的关注程度会有大幅提高；年初及春季，搜索量也有所上升。事实确实如此。

但要说服我的老板就是另一回事了。我认为，这家新的互联网市场调查公司——Hitwise 能为我们提供几乎所有美国顶级网站流量的详细资料，但老板似乎并不怎么相信。为了证明 Hitwise 所提供数据的精确性，我们制定了一个方案。当时 MSN 搜索引擎的搜索结果主要由我们公司负责管理，因而我们公司对某一网站经由 MSN 获得的搜索流量也拥有相当的控制权。我们选取了 11 月份的两天作为实验期，在 MSN 搜索页面的首页顶端放上了当时规模尚不算大的“旅行顾问”（*TripAdvisor*）网站的链接。随后，在隐瞒实验期的情况下，我们要求克里斯算出 *TripAdvisor* 数月内的访问流量。如果他能根据自己的数据指出哪两天是实验期，我们就答应成为 Hitwise 的客户。还不到 5 分钟，表格便作了出来，哪两天是实验期，测算得丝毫不差！我再一次折服了。

与Hitwise签订合同后，我发现自己在充分利用其丰富数据资源的同时，也陷入了某种困境。现在，我随时可以使用史上容量最大的互联网样本，随手就能查阅分布在164个不同行业、总数多达50万家的网站资料，且数据实时更新，信息及时而充足，但这同时也使我陷入了短暂的分析乏力状态，不知道应该如何着手。所幸这种状态并没有持续很久，我很快便意识到，感悟和收获其实是无处不在的——分析竞争对手营销计划的有效性，通过官方电影网站访问量来预计某部新电影的人气等，所有这些都能让我受益匪浅。

慢慢地，时间概念也变得模糊起来，我常常花上数小时对数据进行挖掘分析，有趣的地方很多，偶尔也能发现与直觉完全相悖的方法和结论。有时我甚至没有足够的时间去完成我的本职工作。正是基于这一点，我决定辞掉原有工作，转投到Hitwise。最终，我成了Hitwise研发部的经理，专门为其他用户传授如何有效地使用数据资源，最大化地利用网络竞争优势的力量。

关于数据资源

本书的故事情节及案例都是基于Hitwise竞争情报服务公司（Hitwise Competitive Intelligence Service）的数据资源撰写而成。如果没有特别说明，书中的分析、推理都是基于美国样本而展开的（其他数据来源还包括英国、中国香港、新加坡、澳大利亚和新西兰）。这一样本由1 000万余名美国网民及其日常网络行为构成，样本的采集方法有两种。其中主要的方法是基于与全美国互联网服务提供商所达成的协议，对7 500多万的网络用户进行匿名处理，并整合统计其使用数据。数据来源于众多区域互联网服务提供商。互联网服务提供商的样本包括多个选择性使用的专门小组，或者接受调查并提供人口统计信息的网络用户群体。这一信息使得我们可以对访问各种网站或网站类别的用户进行人口统计和心理描绘的报告。互联网服务提供商和选择性使用的数据每天更新，提供以往的使用资料；搜索词条数据每周更新；人口统计和心理描绘数据以连续4周的平均使用率为基础。

关于隐私权

当我向新闻界或商界的朋友首次谈起我们的数据资源时，最常碰到的问题就是这样搜集数据是否侵犯了终端用户的隐私权？在这里我首先要指出的是，保护终端用户的隐私权是企业实现自身利益最大化的重要前提。通常，我们会通过两个机制来实现对用户隐私权的保护。第一，数据收集部门会对原始数据进行匿名整合处理。这样一来，前向及后向部门都无法再将数据资源和具体用户对应起来。实际上，企业所进行的一切活动都是围绕着整合资源、发掘规律而展开，绝对不会去打探用户的个人隐私；第二，对于搜索关键词等方面的数据，我们也会进行相应的保密处理，删掉与身份识别相关的一切信息，如电话号码、信用卡号码、社保卡号等。所以说，我们的样本绝不会侵犯终端用户的隐私权。

本书简介

本书内容我们主要从两方面展开。首先，我们对近年来积累的、与数据资源相关的观点、事例作了详尽的分析和说明，你可以与我们一起分享。从人们喜好访问互联网的“阴暗面”——热衷于黄、赌、毒，到现代社会人们对名人的顶礼膜拜……通过对所有上述事例的分析，读者将会了解到应该怎样通过网络数据资源来具体剖析人们的特定行为。我们还将讨论人们在搜索引擎中输入的查询，这些问题又如何揭示我们的内心，例如搜索我们的恐惧，我们想要了解的事情，或者像“天空为什么是蓝色的”这样的普通问题。我们还讨论了互联网交流中的最新变革是如何改变人与人之间的互动方式。其次，我们将会进一步学习网络数据资源的理论及实践运用，包括互联网竞争情报行业的各种策略及应用，如何运用数据资源预测当前趋势和潮流，我们甚至能用网络流量数据来预测美国下一个摇滚巨星是谁。

要开始我们的网络行为探索之旅，从网络自身的弱点说起再合适不过。在网络营销界中，PPC 代表的是点击付费广告（pay per click），即广告投放商根据用户的点击量来支付相应的广告费用。但在本书中，PPC 有着完全不同的含义。在本书第 1 章中，PPC 代表着色情（porn）、药物（pills）和赌场（casinos）。这些关于人类恶习的网络数据向我们揭示了竞争情报数据是何等强大。网站访问量的上升与下降，网站访问的细分群体，以及用户群的访问意图等，都是我们所要研究的内容。

第1章

在线黄、赌、毒背后的经济暴利

PPC-Porn, Pills, and Casinos

"性"能出售，"性"有时还会被偷走，到底是怎么回事？
不同年龄、收入和地区的人，使用网络的情况存在哪些差异？
赌博网站、色情网站究竟吸引哪类人群？
世界上规模最大的网上书城亚马逊如何借助网络开辟销售渠道？
色情图片、色情视频和色情文学，男人和女人各偏爱什么？
垃圾邮件如何成功避开检测，获取经济暴利？

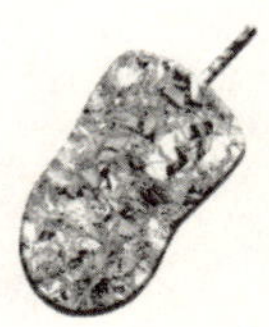

2006年，美国联邦政府信誓旦旦地宣称，互联网上99%的内容都是不涉黄的，其依据是加利福尼亚大学伯克利分校菲利普·斯塔克（Philip Stark）教授的研究报告。该报告调查了以Google和微软为搜索引擎的所有网站，结果显示仅有1%的网站涉及色情内容。与此同时，另有调查指出，超过40%的网络访问集中于色情网站。不同的调查群体对同一调查内容提供的结果悬殊如此之大，到底孰是孰非?

与熟人老友见面打招呼，我们总是喜欢说：“今儿你看起来气色不错！”那人的气色看起来到底如何，我们并不去理会。这么做一方面是社会习俗使然，另一方面是为了拉近彼此的距离，利于交谈，而通常我们不会透露自己的真实感受。试想这样一个情景：

> 一个淘气的小孩伸手到饼干盒里偷拿饼干，被大人逮了个正着。大人明明看到孩子正伸手偷拿饼干，但还是会不自觉地问一句“你要干嘛?”而这样质问所得到的答案往往与你亲眼所见的行为不尽一致。

有关互联网的软肋、人们的在线恶习的故事就从这里开始——我们睁着眼睛说瞎话。有时我们言行一致，有时又言行不一，总的来说行动比言语更具说服力。

小小 *sex.com* 域名凭什么赚取了巨额财富

"性"能出售，"性"有时还会被偷走，更能为你赚大钱到底是怎么回事？那就去问问加里·克雷曼 (Gary Kremen) 吧。

第一次见到加里时，我还是 Looksmart 公司研发部经理。那是一家搜索引擎公司，总部在旧金山。加里这次来是探讨我们公司与他旗下一个公司——银河搜索（Galaxy Search）——一个迎合成人产业的搜索引擎的合作事宜。LookSmart 像所有搜索引擎一样，有一个与成人产业相关的搜索词条目录（通过目录，我查到了一些通过我们的服务器进行的搜索行为，即寻找成人节目）。

对于这次会面，我有点忐忑不安，我们事先并没有取消成人搜索的意思，而且在我入行期间，就听说过一些从事成人产业的可怕传闻，主要是法律问题和呆账问题。更令我神经紧绷的是我们与会的会议室隔壁正坐着一个软件开发商，而他拥有的某个程序正处于可能被 LookSmart 收购的前期（据传闻该公司高管有非常虔诚的宗教信仰）。这令情况复杂不少，不用说，我们隔壁的人并非成人产业的狂热粉丝（说不定他们也是，因为没有了网络色情内容的传播，他们也无法生存）。

会谈一开始，加里就给我讲述他是如何在成人网站领域沙场突围的，特别提到了他最初拥有色情网站域名（*sex.com*）的所有权，但最后被盗走的事。加里在 20 世纪 90 年代初是一位独立经营的软件推销员，是域名抢注业务的先锋。这项业务用于注册一连串的网络域名，希望日后将其出售或从这些网址的访问流量中赢利。加里初期获得了一些成功——卖起了域名，像 *jobs.com*、*autos.com* 和 *housing.com* 等。

他接着创建了这一产业领先的 *match.com*。这个网站是他于 1994 年花了 2 500 美元购买的一个以电子邮件为基础的交友业务，后来他凭借该网站赚了 5 万美元，并成为该网站的终身会员，然而加里最值钱的资产却是他在 1994 年注册的一系列域名之一——*sex.com*。1995 年，在加里检查他的网络资产时，他惊讶地发现自己已不再位列于性网域名的所有者名单中了。他最值钱的资产现在竟落入那个叫斯蒂芬·迈克尔·科恩（Stephen Michael Cohen）的声名狼藉的家伙手里。此人是一名罪犯，他的刑事登记记录包括拒绝支付孩子的抚养费，签署空头支票，偷盗汽车，伪造以及重大盗窃罪等。

加里开始了一场长达 10 余年的官司，他所花费的判决费就高达 6 500 万美元。加里的律师团的记录显示：通过利用窃来的域名开展点击付费业务，科恩在 1 个月内业务就获得了超过 75 万美元的收入。成人网站当时被视为是一个绑定域名的网站，也就是说它没有原创的内容，而只有一个绑定在其他网站上的付费链接。一旦许多寻找色情内容的网络用户点击这些链接，就为网站创收。2001 年法院判给加里一套科恩在圣达菲（Santa Fe）的西班牙风格住宅，面积 9 800 平方英尺，并附带网球场和排球场。此后，加里以 1 200 万美元的价格售出重获的域名，又从科恩那获得了其他资产，包括两块在提华纳（Tijuana，墨西哥西北部的城市。——译者注）的地产、一个养虾场和一个在墨西哥的脱衣舞俱乐。

这一耗时长达 10 年之久、耗资超过 1 亿美元的诉讼官司，仅仅源于一个毫无具体内容的域名之争。只是一个简单的网址，就能够通过在线卖广告生财，皆因网络用户对性的贪欲。会议结束后，加里提到他臭名昭著的性网下周要在他的圣达菲牧场公馆里开设派对，并建议我们飞到南加州去看一看。一个闪念掠过我的大脑——我对妻子说，我必须飞至圣达菲去参加一个性网举办的派对。又仔细想了想，实际上我下周根本没有机会飞去圣地亚哥（San Diego）。会议结束后，一边送加里到电梯我一边琢磨：一个小小的域名怎么能生出这么多钱，况且其中没有任何实质性的内容。如果说这是某种迹象的话，那它是否表明在线的成人产业会创造巨大的财富？回到狭窄的办公室，我就在想：用什么数据来衡量成人产业所创造的利润呢？但我知道，可靠的数据得之不易。

如何获取真实的色情消费数据

我的办公桌上乱的一蹋糊涂，摆满了关于各行各业的数字、增长率、广告支出的打印资料……所有的资料信息都保存在我的电子邮箱里，并在网页浏览器中添加了标签。一谈到数据，我就特别敏感，我往往能从这些报告页边的记录中找到灵感。虽然我接触的在线成人产业的业内人士并不多，但有一个研究将该领域估价为970亿美元，也有人认为这个数字有些言过其实，还有一些报告则指出，实际上这一数字低估了成人产业所带来的现实收入。在估算成人产业的规模时，我发现了一个令人费解的问题——如何准确理解什么是色情消费。如果按照常理来考虑这个问题，你可以通过两种手段来估量成人产业的市场规模：一是看供应商的收入报表；二是询问消费者。

从色情产品的生产者开始研究，会得到可信的资料吗？我并不反对这么做，但众所周知，如果只用天秤的一头去估量一个市场，那么该研究往往有失偏颇，尤其是当其中一方受到鼓励去壮大声势的时候。在此种情况下，显然会为考虑到生产者的利益而夸大他们的收入，以便吸引到更多的投资和更多的广告费。另外，你可以转向需求方，去问问成人娱乐的消费者，不过这种方法会令你更加无从下手。

如果你想估量真实的色情消费情况，不妨试想一下你将如何展开消费调查吧。也许情况会是这样：电话铃响了，大概是晚上 7：30，仿佛你要做的是晚饭调查。“您好，这里是代表某某市场调查公司进行的电话访谈，您愿意回答一些问题吗？内容是关于您对网上色情内容的喜好程度。”这个假设性的电话访谈面临两个问题：⑴谁愿意进行这样一项调查？⑵我们能信得过所得到的答案吗？

在免打扰电话保护单（do-not-call）存在的年代，语音信箱和与日俱增的戒心，使得调查公司想要为研究项目提供一些具有代表性的回答越来越难。工作繁忙、精明多疑的消费者，不愿意参与这些调查项目，只回答那些更熟悉的、更易于回答的题目。即使免打扰电话的保护单不限制市场调查的来电，但这一“名单”的出现就意味着授予了消费者更大的权力——拒接那些不受欢迎的电话。最终的结果就是，我们的研究只能建立在人口的子集上，而非更完整的样本上。

第二个问题就更为关键了。作为调查的参与者，大多数人都想尽量表现自己积极的一面。谁都不想让别人窥探自己的私生活，以免有损自己的名声。有关成人产业在线消费的问题对任何调查员来说都是最棘手的，原因在于人们的认知不协调。

斯坦福大学教授利昂·费斯汀格（Leon Festinger），专门从事社会心理学的研究。继他的《预言破灭》(*When Prophecy Fails*)出版后，他于 1957 年发表了认知失调理论。在《预言破灭》中，费斯汀格对世界末日论教派进行了研究，该教派认为世界早晚会由于外星生物的统治而走向毁灭。当预言破灭，狂热的教派成员受到了这种不协调的打击，他们被洗了脑，认为这个世界已经走到尽头。然而事实却是，日子一天天过去，世界依然存在。这一教派的大部分成员对这种前后不一的情况做出了解释：外星人之所以没有毁灭地球，是因为他们鉴于教派成员对他们的事业所做出的贡献，已经决定与人类共享这个世界。这个未能实现的外星人预言是一个证明认知失调的比较极端的例子。但这种信仰与行为的冲突随处可见，其中也包括不真实作答这种情况。

虽然成人娱乐在我们社会中得到了某种程度上的认可，但却很难听到有人自豪地宣称自己喜欢访问色情网站。公正地说，尽管大多数色情项目的消费者将成人内容视为不体面的，甚至是堕落的，但他们依然一如既往地访问色情网站，每年成人产业所得的数十亿美元的收入就是证明。

如果我们再回头看看这个假设性的调查，或许访问成人网站的问题就会被电话调查所葬送。如果被问及“您访问成人网站吗？”认知失调会引起部分受访者去“美化”真实情况（事实上他们确实访问这些网站），带着不协调的想法认为这个行为（访问成人网站）从某种程度来说是见不得人的。然后，为了保全面子并解决问题，他们的答案通常背离真相——“不，我不访问成人网站”。

答案就在于我们的生存之道，让我们看看数以百万计的美国互联网用户的集体匿名行为吧。通过查看成人网站的集体访问情况，我们能够获取与其他产业息息相关的成人产业的规模数据。我们花了多少时间访问成人网站？人口统计数据及搜索量又能对此作出何种解释？要从传统的市场调查中获得可靠的回答几乎是不可能的，这反而激发了我对这个话题的浓厚兴趣。

鉴于入行的成本较低，成人网站的数量多达4万个，比我们所追踪的零售网站的2倍还多！这些成人网站的分布具有访问量分配均匀、集中度不高的特点。在这 4 万多个网站中，访问量排名前 500 的网站仅占成人网站总访问量的 56%，而零售业的前 500 名的网站随着在线视频的发展和流行，人们花在成人网站上的时间也会逐步延长。2007 年 8 月，互联网用户平均花在成人网站上的时间是 6 分 29 秒，比两年前的平均 5 分 38 秒上升了 15 个百分点。总的来说，2007 年 8 月，总数为 4 万余个的成人网站所覆盖的互联网访问总量仅为 10%，比起 2005 年 8 月下降了 6 个百分点。那么，究竟是什么原因导致了成人网站人气的下滑呢？

为什么星期五的色情网站爆棚

成人网站的访问量可能会极速下滑，但在过去几年里它却始终遵循着一种规律——人们更可能只在一周的某几天才访问成人网站。如果查看每天访问数据的增量，我们不难发现周五（最可能是周五晚上）始终是访问的高峰期，周六紧随其后。整个一年中，访问最少的一天是感恩节，这也许是因为家庭成员都在家的缘故。除了周五之外的其他工作日，成人网站的访问量大都保持在 6% 左右。也许是由于国教——基督教的传统，星期日作为一周的安息日或第七天，我们应该在这一天好好休息，以至于周日成为整周内成人网站访问量最小的一天。

这对想要庆祝色情星期日的迈克·福斯特（Mike Foster）和克雷格·格罗斯（Craig Gross）来说或许是一个意外的惊喜〔格罗斯创办了 XXX 教会网（*xxxchurch.com*），他将其称为“一号基督教色情网”。他所隶属的非教派宗教组织关注如何消除色情成瘾。——译者注〕。这个色情星期日——10 月份的第一个星期日，是他们在 2005 年建立起来的一个传统。格罗斯开着改装的 Scion xB（丰田公司专门为北美年轻消费者打造的一款汽车品牌。——译者注）在全国旅行。据马特·格罗斯（Matt Gross）说，一天早晨他正在洗澡，上帝探访了他，并赐给他一个词——“色情”。这一“沐浴”中的召唤授予格罗斯新的使命，他鬼使神差地参加了成人娱乐商展，并当场分发印有“耶稣爱色情明星”的泊金大字的圣经。

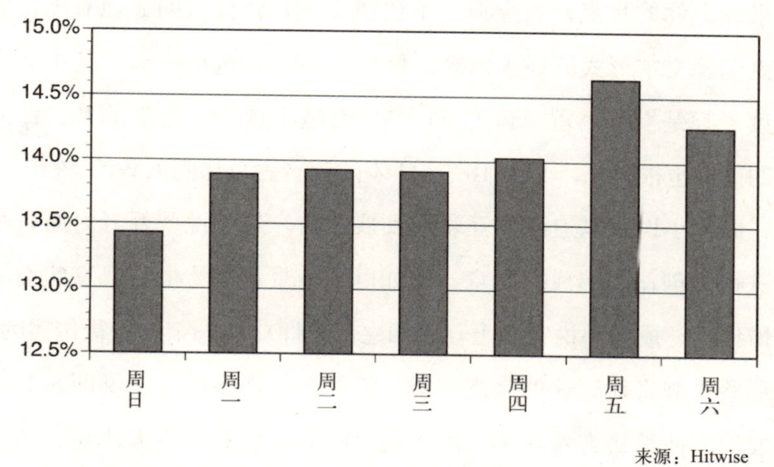

图 1-1　成人网站一周内每天的访问量（2007 年日平均数据）

网络用户最可能在家或空闲时去浏览成人内容，根据这一理论假设，我们期待在周六、周日这两天里，成人网站的访问量达到最大值。尽管去教会的人少了，信仰宗教的人口比例也有所下降，但对成人网站访问量之所以在周日达到最低，我们还可以用另外一种理论进行解释——在美国，宗教信仰、礼拜日以及在宗教日里对纵欲的禁忌之间存在一定的联系。用于解释访问量下降的一个可能的假设就是，随着时间的推移，社会已越来越为宗教所影响，以至成人网站的访问量有所下降。虽然我们的宗教根源也许能够解释为什么周日是一周内色情味道最淡的一天，但却鲜有证据能够显示宗教信仰对网上色情的影响。

也许答案的关键就在于观看色情网站的人是“谁”，考虑到色情消费无处不在的特性（男性访客当然比女性访客数量多这个因素除外），这的确是一个难题。在 Hitwise 统计的 40 634 个成人网站中，72.6% 的访客为男性，27.4% 为女性。如果你认为访问成人网站的人都是男性，那你可能只是考虑到了色情图片和视频这类内容。不过，如果放大你的焦点，去查看一下色情文学，就会很明显地看出，女性更偏爱文字形式的成人内容。例如，*adultfanfiction.net*，其中大多数读者都是女性，占总体的 65.5%，而越来越不合常理的是，该网站的读者也很年轻，其中 18 ～ 24 岁的读者占总访问人数的 54.6%。

成人小说可以追溯到互联网发展之前，是小说爱好者对原有小说进行再创作而形成的文章，比如电视情景喜剧、电影以及此类的色情作品。成人小说在登上互联网之前是印成成人杂志进行传播的，像那些星舰奇航记迷的杂志一样。而如今，许多成人小说网站的蓬勃发展，使得访客实现了在网上就可以阅读已有的成人小说，还可以根据故事和人物在网上进行小说创作。

另一类女性访问量突出的成人网站是成人娱乐类的商业网站。这一成人产业最初主要由男性制作、管理和承办，色情商务网站的人口特征统计，或者提供成人网站合作、销售或交易服务，所有的这一切，无不显示了成人产业蓬勃发展的历史进程。

在小型的成人产业蓬勃发展之前，一卷成人录像的完成，需要一系列纷繁复杂的程序。首先要有一组人员来拍摄，然后再花钱复刻影片，最后还得把录像带送往各成人书店。而随着网络摄影机、一站式域名注册、合作管理以及网上支付方式的出现，现在只需花 100 美元投资网络摄影机（假设有抱负的成人明星有电脑和很快的网速），另外每月再付 19.95 美元来购买域名、管理和购物车功能，那么一个新生的成人企业家就诞生了。

如果按区域来比较成人网站的访问量，只能看出一些细微的差别。与其他地区相比，中西部地区的互联网用户访问量略多一些。而访问量最少的地区，则是合众国的新成员——夏威夷和阿拉斯加。这种访问规律是随季节变化的，对那些冬季寒冷的地区尤为适用。如果我们比较各州之间的互联网的访客，可以分成红色地区和蓝色地区两大部分，然后根据人们对成人网站的访问量占全州访问的比例进行排名。可以发现，红色地区的访客更可能访问换妻网站、成人网上视频、成人红娘服务和偷窥网站，而蓝色地区的访客最有可能去浏览成人娱乐和陪宴男伴等相关内容。

表 1-1　美国成人网站访问量排行榜前 10 个州

州	代表性的在线人口	流量百分比
俄亥俄 (Ohio)	124.03	5.87%
明尼苏达 (Minnesota)	121.74	2.51%
威斯康星 (Wisconsin)	120.61	2.38%
艾奥瓦 (Iowa)	117.22	1.00%
新罕布什尔 (New Hampshire)	117.12	0.61%
科罗拉多 (Colorado)	115.00	2.19%
马萨诸塞 (Massachusetts)	114.56	2.90%
印地安那 (Indiana)	114.37	2.53%
堪萨斯 (Kansas)	113.96	0.79%
西弗吉尼亚 (West Virginia)	112.00	0.52%

来源：Hitwise

社交网站的兴起让人们远离色情了吗

那么如何理解成人网站访问量的下降呢？通过对比网络社区类

别的访问量——涵盖了所有的社交网络和论坛，如 MySpace（美国第一大社交网站）和 Facebook（美国第二大社交网站）——与成人网站类别的访问量，我们发现两者的访问规律似乎呈负相关关系（见图 1-2）。是否可以这样理解，对成人网站的访问会被活动频繁的社交网站所替代？

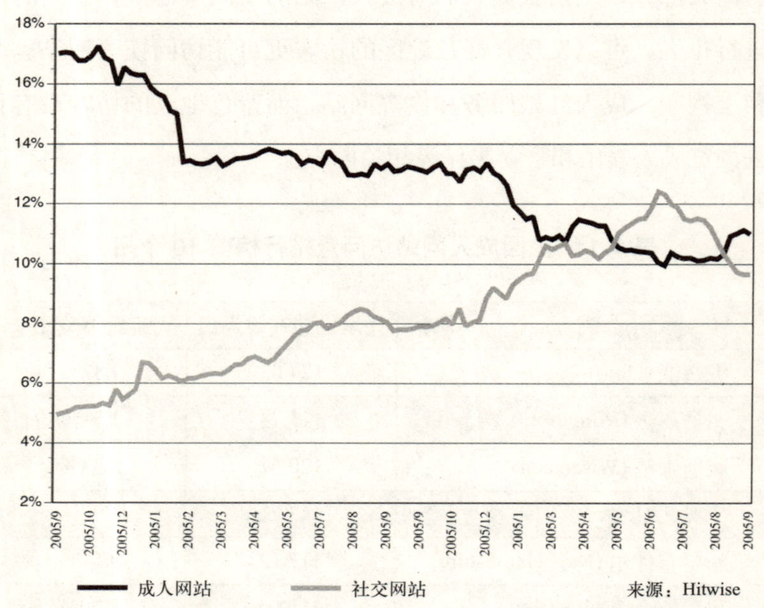

图 1-2　成人网站和社交网站访问量的市场份额对比

更令人称奇的是，2006 年夏，交友网站与色情网站可能会出现为期两天的交替现象。

2006 年 7 月 22 日，对南加州来说，这是一个温暖的日子，但 1200 W. 第七大街，也就是加兰大楼（Garland Building）的所在，却上演了一出好戏。大楼里设有 MySpace 机构的服务器，其主页是网上最热门的域名，在当时占据了全美网络访问量的

4%，全部网页的浏览量超过17%。一则来自其创始人汤姆·艾德森的临时短讯突然出现了："嘿，大家好！数据中心停电了。我们会尽快修好。——汤姆"。随着数据中心停电消息的传开，一些奇怪的事情发生了。MySpace的访问量显著上升。这种现象可以解释为：由于有网瘾的用户希望停电已经被解决，所以就反复点击网站。

作为一个研究人员，MySpace的停电为我提供了一个绝无仅有的机会。如果哪天MySpace关闭了，那些依靠它的网络用户该怎么办？用什么来填补它留下的空白呢？就在7月的那两天，我们通过站点和类别研究了其余的网站，试图寻找市场份额中不平常的上涨情况。在网站上我们发现：与这周的其他几天相比，Google在这两天里经历了最大的涨幅。这最有可能是因为用户想通过Google进入MySpace，也可能是因为通过Google搜索娱乐项目……如果我不能继续访问MySpace了，我只好在网上随便找点别的事来做。

在停电期间，有两类网站——在线约会网站和成人网站出现了明显的增长。而令人称奇的是，2006年7月的这两天，确实让我们看到了交友网站与成人网站之间的交替现象。

能够解释成人网站访问率下降的另一个原因可能就是，随着时间的推移，人们的年龄有所变化。与2006年同期相比，2007年末，18～24岁的访客对成人网站的访问量下降了1.5个百分比；25～34岁的访客量也从24.1%下降到18.6%。而为交友网站带来大幅增涨的也刚好是这两个年龄段的访客。将所有数据整合来看，似乎这两种类型的网站之间的确存在着一个交替现象。搜索词条的形式，更具体地说，对性的搜索，进一步证实了这一理论。

在2007年夏天网上的120个搜索词条中，“性”(sex)是最热门的搜索词条之一。Google对此词条的搜寻结果多达4.45亿个，显示时间仅用了0.07秒。对性的搜索也显示了一个有趣的规律：夏季这几个月的搜索量莫名其妙地增加，每年圣诞节的那一周访问量却不明原因地锐减（这一搜索现象在我那未解之谜的文件夹里存了好长时间）。如果我们回过头来看看两年前的交友网站，它们那时的规模要比现在小得多，对“性”的搜索分散到了各种各样的网站，其中包括提供性教育的（*www.sexetc.org*）和关于性文章的网站（*www.salon.com*）。如果我们快速推进到2007年夏天，搜索同样的词条则会显示为在线视频网站（*www.metacafe.com*，*video.google.com*）、维基百科全书（*www.wikipedia.org*）和交友网站MySpace。

2007年11月，我为《时代》杂志在线专栏《搜索科学》(*Science of Search*）写了一篇文章，是关于交友网站对垒色情网站这一主题的。就在前一周，我通过交友网站的一个栏目结识了900多名新的Facebook“朋友”。几个大学生（我猜他们大都是18～24岁）通过Facebook发邮件给我，来讨论这一话题。所有邮件的主题都是围绕着交友网站正在取代成人网站的，因为那些网页能够使这些年轻用户以一种前所未有的方式链接到其他的单身用户。引用我的一个新朋友的话，那就是“当Facebook让你有机会接触活生生的人时，谁还需要色情网站呢？”或许他说到了点子上。事实上，网上约会类网站的访问量也在持续下降，因为更年轻的一代人在使用第一代交友网站，如Friendster。2003—2004年，它对约会网站构成了强有力的威胁。网络行为数据换上了新主题，不再那么容易被传统的调查方法所获得。这个新观点已经应用到成人产业之外，譬如赌博。

2005年秋，我发现自己在拉斯韦加斯的神剑饭店（Excalibur Hotel）的地下室里，我很想问问自己，我到底来这里做什么？我定期出席国内各地的科技研讨会、旅游会议，在知名大学里演讲，而我现在在这里干什么呢？我是来参加我的首次网上赌博会议的。当我进入展厅时，一个操着浓重伦敦口音的女迎宾接待了我。“Allo，Love”（“您好”的一种很亲密的说法。——译者注），她说。我借机向她打听了一下这次会议的观众。“网上赌博在美国不是非法的吗？如果是的话，那么从事这一行就不担心在公共场所聚会太冒险吗？”接待人员歪了下头，狡猾地笑了笑说：“那些冒险的生意在这里都用了别名。”

时至今日，我仍不清楚她是不是在跟我开玩笑。但就在我走向礼堂，向我的观众点头的时候，我可把她的话当真了。我这次来是出席一个以网上智力竞赛为主题的会议，主要包括在线扑克、21点和赌场游戏网站。我在贸易会议上一贯的做法就是从与会者名单中随机意挑选一个公司，然后再放映幻灯片，以明确显示我对该网站所作的分析研究。在这里，他们可以看到这一网站的流量来源（搜索引擎、电子邮件广告、加盟商），他们还可以对访问的竞争对手进行排名，甚至对他们所购买的能为网站带来流量的搜索词条进行排名。直到中场发言时我才意认识到，或许从这些与会者中任意挑选提问并不是什么好主意 。

我决定尽快把事情搞定，赶快走出房间。正当我要离开时，一位运营扑克网站的男士将我拦了下来，他是从哥斯达黎加来的。“这个数据太惊人了”，他说，“我一直认为，网上体育博彩和扑克之间有一个交叉点，但我从来没见过数据能证明这一点。”他所说的是我的一个幻灯片，讲的是用搜索行为来表明赌注是一个零和游戏。我不得不停下来将这一点解释清楚。

我和研究小组注意到，随着时间的推移，在搜索“在线扑克”(online poker) 和“体育博彩”(sportsbook) 之间存在着一种规律：这两个词条看起来似乎呈负相关关系，即当对“在线扑克”的搜索增加时，对“体育博彩”的搜索就会下降，反之亦然。在绘制图表前，我们建立了一个假设，即在线赌博的人对网上投注都进行了有限的预算。由于“在线扑克”是一个全年的非季节性活动，如果这两个赌博活动之间并非相互依存，那么在流量上就不会出现交替的现象。

但图 1-3 显示：当“体育博彩”的活动最为频繁时，也正值足球和篮球赛季，“在线扑克”活动开始减少。这最有可能解释为一种交替现象，即如果没有博彩让我投注，那我就去“在线扑克”上碰碰运气，而不是等到下一个赛季。这位从哥斯达黎加来的朋友想知道，如何才能计算出扑克流量的季节性波动。图 1-3 提出了新的解释，非常有意义。

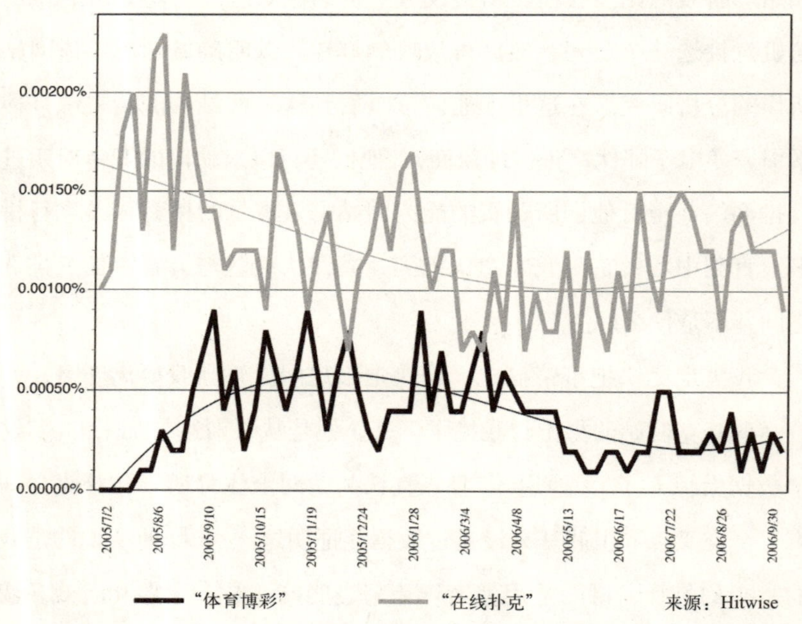

图 1-3 “体育博彩”与“在线扑克”的搜索量对比图

从访问量的替换类别来看，网上赌博与色情网站相比，实在是小巫见大巫。就算你想把所有的赌博网站（为全部 50 个州提供彩票信息的网站也包含在内）的访问量汇集到一起，其所占的份额也只是成人网站的 1/18。正如你绕着拉斯韦加斯、大西洋城或雷诺的赌场走一圈得到的结论一样，喜好赌博的人并不一定都是有钱人，网上赌博也一样。在赌博类网站的所有访客中，24.7% 的人家庭年收入不足 3 万美元，53.5% 的人一年只赚到 6 万美元或者更少。也许正因为如此，高限额的部分在赌场所占比例非常之小，只有 7% 的访客年收入超过 15 万美元，他们是所测得的收入最高的阶层。

对“在线扑克”玩家与博彩爱好者之间的差异研究（比赛的旺季与淡季相比），有助于更好地发现比赛淡季转来的扑克玩家与死忠的扑克玩家之间的变化。在比较博彩爱好者和扑克玩家时，后者在年收入为 6 万～ 10 万美元这一阶层里具有强烈的代表性，而在淡季转向去玩扑克的人，他们的收入较低，处于 3 万～ 6 万美元这一阶层。在随后的章节里我们会发现：不同年龄、收入和地区的人，使用网络的情况存在显著的差异。当然还有其他的例子，超越所有的人口统计界限。就拿神奇的蓝色小药丸——伟哥（Viagra，又叫威尔刚）来说吧。

伟哥如何通过海量垃圾邮件大获成功

我们收件箱里 80% 以上的信息都是来自某些行业的垃圾邮件。看来，这些垃圾邮件的发送者比互联网服务供应商更聪明，还能绕过邮件过滤器，给我们传递不请自来的广告中所涉及的重要生活资讯。这些来路不明的广告包罗万象，从致富讲座、尼日利亚银行欺诈案、减肥药到保证增大生殖器的各种方法。最重要的是，它还能以便宜的价格解决勃起障碍。超过 20% 的垃圾邮件都在某种程度上与伟哥有关。这是为什么呢？这些永无休止的垃圾邮件传播者，承诺低价解决勃起障碍。难道他们真的希望我们会点击购买一个在药店就能买到的药吗？对这些伟哥的垃圾邮件发送者来说，这只是一个数量游戏，有时点击率很低，只有 1%。但如果你发送了足够多的邮件，那他们就有利可图了。想想澳洲垃圾邮件发送者那个案件吧。他被指控在 1 年内发送超过 20 亿封的伟哥垃圾邮件。

垃圾邮件的发送者越来越足智多谋了。他们每天都在千方百计地发送数以万计的垃圾邮件，同时又能成功地避开检测。早期的发送者可能只使用一个单一的服务器,但这种方法很容易被追查到。“而老练的发送者使用植入式软件程序，即用通常所说的木马病毒劫持个人电脑，把它们作为远程服务器来发送垃圾邮件。事实上，这种方法几乎让人无法察觉，因为发送者可以接管一个毫不知情的用户的计算机，在几个小时内发送上百万封电子邮件，然后逃之夭夭”。

那么在这些电子邮件的背后又隐藏着怎样的经济动机呢？在美国开伟哥处方，每片药的成本大约要 10 ~ 15 美元。然而，在那些枸橼酸西地那非片（Sildenafil citrate）（即伟哥）专利已经过期的国家，或在几乎没有药品生产管理的国家，同样的一片药的生产成本还不到 2 美元。互联网已解决了这些低成本快效药的生产商所面临的问题——如何销售和分配这些药品。在美国，直接向消费者投放广告将会受到严重的限制，通常也会花费高额的营销费用。但是，海外生产商可以用他们的附属企业来减少他们的成本。

20 世纪 90 年代中期，亚马逊公司开创了一种经营模式，为该项业务的加盟伙伴提供了完善的销售渠道。亚马逊公司为了扩大其销售影响，向任何拥有网站的人提供一种服务，使其能够链接到任何一本在亚马逊网站出售的图书。任何通过流量发送渠道出售图书的加盟公司，都要向该网站的所有者交纳加盟费，该加盟公司可以获得最终销售额的 4% ~ 10%。枸橼酸西地那非片的海外生产商们，希望海量销售这种药丸，根本不在乎违反当地的法律法规，利用这一模式招募新的加盟商，只要这些加盟商能够多下单子并交纳每笔交易的40% 作为加盟费即可。

撑破了邮箱的伟哥垃圾邮件和其他不请自来的电子邮件，据估计是以每天 124 亿封的速度发送的。然而，另有其他估计表明：在收到这些垃圾邮件的美国用户中，有 8% 的人通过这些邮件来购买产品。邮箱中铺天盖地的伟哥广告似乎可以解释网上药物有多么普遍和流行。近两年来，对“伟哥”搜索的剧增一直伴随着海量伟哥邮件的爆炸。但这些信息的大多数本质，或许能够增加我们对药品的认识。截至 2007 年秋，伟哥是网上搜索量排名第三的药物，仅次于减肥药爱丽（Alli）和抗抑郁剂依地普仑。

举对勃起障碍搜索这个例子，只是为了说明我们在网上搜索时存在的季节性因素。像伟哥、艾力达（Levitra）和西力士（Cialis）这类药物，搜索多集中于 1 月末 2 月初，以及橄榄球超级杯大赛期间。自从在 Hitwise 工作后，在过去的 4 年里，我都制定了一个超级杯规矩，那就是边吃着烤肉、喝着啤酒，边看着高清电视里的比赛转播，边制作电子数据表格。每一年，我都研究超级杯商业广告为网站流量所带来的影响，最近还研究了它对搜索方式的影响。随着对勃起障碍搜索的剧增，每年的数据显示出，反复的点击确实可以让我们在网上了解更多的资讯。

并非所有网上行为的季节性规律都受电视广告的影响，还是存在一些网上行为不为所动。新年的第一个星期，是反复点击模式最多的一个星期。从 1 月 1 日到 1 月 5 日，我们就能看出，我们的季节性本能有多么强烈，而且是多么稍纵即逝。

第2章 如何玩转网络

Getting to What We Really Think

美国大选前的民意调查为什么与实际的选举结果大相径庭？
获取被调查对象真实想法的关键是什么？
选民关注候选人的政治立场、私生活还是外表？
从搜索词条数据中我们能获取怎样的商业利益？

我们的真实意图是什么？这是一个让市场调研员大伤脑筋的问题。事实上，分析任一特定时刻一群人的所思所想要比直接询问他们在想什么困难得多。要获得这些问题的准确答案，面临的第一个挑战就是确保你把问题问对了人。如果你质疑为什么选前民调越来越不准确，这可能正是关键所在。

这个困境已有前车之鉴。事实上，根据《文学荟萃》（*Literary Digest*）杂志对 1936 年总统竞选的民意调查来看，我们第三十二位总统不应该是富兰克林·罗斯福（Franklin Roosevelt），而是共和党对手阿尔夫·兰登（Alf Landon）。

罗斯福的压倒性胜利对期待兰登大获全胜的选民来说是一个相当大的打击。毕竟，该杂志曾准确地预测了前五届的总统竞选。回首过去，大多数评论家指出：样本选择误差是造成民意调查与竞选结果之间差异悬殊的主要原因。对于罗斯福与兰登之间竞选预测的失误，有人事后分析认为，收集上来的反馈问卷全都填得非常完满，除了背后所隐藏的样本误差之外，你还真看不出有什么问题。

《文学荟萃》杂志在展开民意调查时采用了一种特别的采样方法。为了寄出超过 1 000 万份的调查问卷，他们查询了汽车登记簿和电话簿。如果你考虑到当时是1936年，那个年代只有某些富裕家庭才买得起电话或汽车。那些相对富裕的人，也更有可能成为共和党人兰登的支持者。

事实上，市场调查的最大挑战之一是预测当选民进入投票站，拉上黑帘后他们将如何投票。最近的选举结果显示：预选民调对预测最终的选举结果根本无济于事。我们前面已经讨论过，民意调查与实际的选举结果存在偏差的主要原因之一就是人们并不总能准确地回答他们的真实想法以及未来的动向。从我们对候选人的搜索内容来看，有些选民的决定因素并不在于政党，甚至也不在于候选人就某些具体问题的立场。对大部分的网上选民来说，候选人的性格甚至外表都可能影响他们的选择。尽管我们可能不愿意承认，但类似于宗教背景之类的问题起了至关重要的作用。

媒体如何利用宗教问题巧为奥巴马竞选造势

2007年1月19日，距巴拉克·奥巴马宣布参选总统不到1个月，福克斯新闻频道的一篇报道称，奥巴马童年，即1967—1971年，曾在一个伊斯兰神学院上学。4天后，即1月23日，福克斯新闻频道的消息被CNN（美国有线电视新闻网）指出是不可信的。CNN记者访问了巴苏基（Basuki）学校，即奥巴马在印度尼西亚所就读的学校，发现并无任何证据表明学校教授激进的伊斯兰教义。恰恰相反，巴苏基是一所公立学校，对宗教信仰并不关注。

这则神学院传闻虽然仅闹了区区4天，却将一所学校的体制情绪化地链接到了塔利班和总统候选人身上，这显然影响了投票的民众。事实上，如果我们看一看网民们在福克斯新闻之前对奥巴马所进行的搜索，就可以发现，关于这个候选人的前150项搜索中，大部分是查询奥巴马的出身背景，2004年他在民主党全国代表大会上的基调演讲，以及一少部分他的宗教信仰。截至2006年12月30日，4周内，有关“巴拉克·奥巴马”的前10位检索词：

1. 巴拉克·奥巴马 (Barack Obama)
2. 巴拉克·奥巴马的传记 (Barack Obama biography)
3. “巴拉克·奥巴马” (“Barack Obama”)
4. 奥巴马，巴拉克 (Obama Barack)
5. 巴拉克·奥巴马的宗教信仰 (Barack Obama’s religion)
6. 参议员巴拉克·奥巴马 (Senator Barack Obama)
7. 巴拉克·奥巴马的讲话 (Barack Obama speech)
8. 巴拉克·奥巴马宗教 (Barack Obama religion)
9. 巴拉克·奥巴马《无畏的希望》(Barack Obama *the Audacity of Hope*)
10. 巴拉克·奥巴马穆斯林 (Barack Obama Muslim)

在福克斯突然曝出神学院的消息后，围绕奥巴马的搜索发生了戏剧性的转变。在含有候选人名字的检索中，对“巴拉克·奥巴马、穆斯林”的搜索从第10位上升到第5位。与在曝出新闻前一周的搜索量相比，后一周对含有“巴拉克·奥巴马”的搜索也翻了一番。在神学院的传闻之后，对奥巴马宗教信仰的搜索明显上升，尤其是对他与穆斯林教会关系的搜索。再换个角度来看，在福克斯新闻出现的前一周，所有含有“穆斯林”一词搜索的前10名中，有3个与巴拉克·奥巴马有关。

媒体错误地报道巴拉克·奥巴马就读于宗教学校，其中最明显的一个方面是，这个杜撰的故事制造了这种若有若无的联系，好在仅仅4天谣传就不攻自破。如果我们再看看1年后的情况，含有“巴拉克·奥巴马”的搜索的前10名便有3个关于他的宗教或穆斯林宗教。如果我们再看看包含“穆斯林”的搜索，前10名中则有6项提到了巴拉克·奥巴马。

然而观察网民的集体行为，确实为政治研究提出了一项挑战，最大的原因就在于你无法提出具体的问题，通常来讲其好处则是事实胜于雄辩；另一个好处则是你不必担心我们在第1章中所讨论的认知不一致。如果一个人可能担心被定义为种族主义者而关注候选人上穆斯林小学，那么同样的关注在搜索词条里亦清晰可见。

在线数据的商业意义

像我们在政治研究中所做的那样，从分析搜索词条的数据中获得的好处，在其他领域中也有明显的体现，如品牌营销和估量一个品牌的实力，就可以通过分析网民多久搜索一次该品牌，用哪种方式搜索该品牌进行衡量。衡量一个正面的或负面的事件对一个品牌的冲击力及联系，这种做法明显具有一些商业意义。利用观察到的互联网数据来衡量品牌，其中一个明显的好处就是能适时得到反馈。

有一次，我去哥伦比亚大学商学院出席一个营销首脑会议小组会，当时我早到了一会，就想坐到观众席听听其他主讲人的发言。那天上午发言的是联想公司的首席营销官德普克·阿德瓦尼（Deepak Advani）。

联想集团是一家总部设在北京的电脑公司，成立于20世纪80年代中期，2005年以12.7亿美元的价格并购了IBM的个人电脑业务。在当时，对联想是否有能力继续开发ThinkPad（ThinkPad在2005年以前是IBM PC事业部旗下的便携式计算机品牌，凭借稳定和可靠的特性在业界享有很高声誉。Lenovo 收购 IBM PC 事业部后，ThinkPad 商标即为 Lenovo 所有。——译者注）品牌还存有一些疑问，因为 ThinkPad 品牌与前母公司 IBM 还存有非常紧密的联系。

对于联想公司从 IBM 收购 ThinkPad 品牌一事，德普克做了一次极具说服力的演讲。关于市场营销部对 ThinkPad 和联想品牌的认知所施加的影响，他举出了一些相关例子。随后德普克回答观众的提问。一名与会者提出了一个最根本的问题，即在他尽全力提高品牌认知度后，他的努力获得了多少成效？德普克回答说，他们正在进行一些品牌研究，计划在几个月后会得出结果。

随着无线热销品和笔记本电脑的普及所开发的无线功能，与会的观众把主题转到了多任务处理器上。我一面听着介绍，一面回复电子邮件，同时还浏览着网页。作为一位主讲人，我总是因为那些不专心听讲的人而由衷地感到沮丧。这几乎成为金科玉律，有鉴于此，我给自己立下一个不成文的规矩——一定要全神贯注地听别人讲话。但在此时此刻，我就是做不到。因为我知道，德普克用不着等几月再去看结果，关于他的品牌活动的效力我可以在一两分钟内就得到一些快速的初期反馈。

出于对 ThinkPad 品牌的十足把握，IBM 一直放松了对自身品牌的巩固。与此同时，就在会议的前一周，联想所取得的进展几乎能与 IBM 分庭抗礼。

我渴望着一个真正的 Web 2.0 体验。我看了看手表，距离我发言还剩 10 分钟。上台之前，我曾多次在博客中公布这张图表以及一些相关分析。我检查搜索词条所显示的迹象，找出它们与联想品牌的关系。有一些对 T60 型号进行的搜索，关注的是电池寿命，以及在哪可以看到演示模型，以帮助潜在的购买者作出决定。

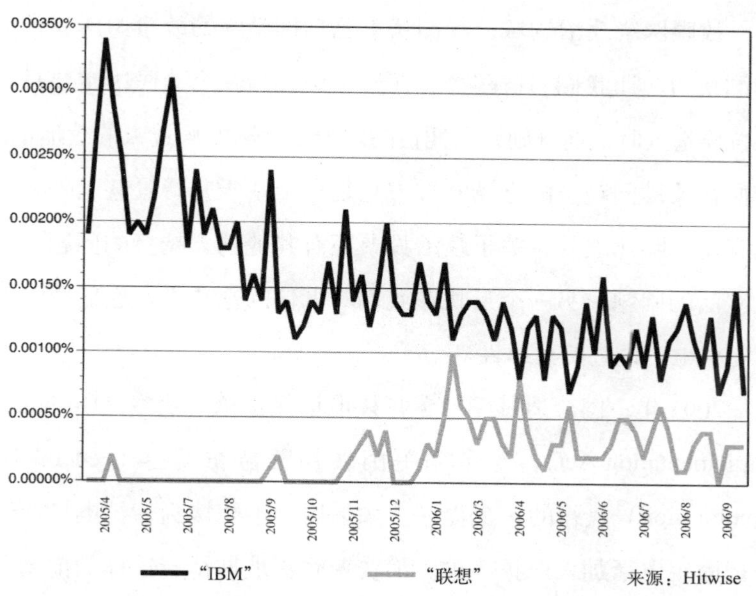

图 2-1 "IBM"与"联想"的搜索量对比图

在台上，我谈到了利用互联网数据来帮助企业决策的制定，我让大家看我的博客。我卖弄地表示，只用了最后的 15 分钟，我就能回答另一位发言人的问题——关于公司的品牌方面，我已经用了很多方法并收集了很多见解。而对于这些，他们用传统的调查方式则要在几个月后才能得到。

搜索数据和网络行为数据不仅可以作为某位候选人或电脑品牌实力的调查依据，还可以作为深入了解决策过程本身的洞察力。不同于传统的调查，它所研究的行为不会因样本的选取误差而发生扭曲。

奥巴马如何玩转网络政治

放眼网络政治领域，我们从奥巴马神学院的故事中所获得的品牌洞察力，让我们另辟蹊径。在选举中，当一个选民决定要投票给某位候选人时，他（她）所凭借的依据是什么？候选人的政治记录？他们在关键问题上的立场？抑或只是一个基于其背景甚至外表的本能直觉。除此之外，关于政治投票还有其他越来越多的问题。一个是立法的问题，另一个反映在我们对电信的选择上，它们影响着所有随机电话调查的可靠性。

2003 年，国会通过了“免打扰电话保护单”法案（Do-Not-Call Implementation Act），这是由美国联邦贸易委员会（Federal Trade Commission）执行的一个程序。如果用户不想接到营销电话，就可以把固定电话加入保护名单。消费者欣喜地期待着这样的前景：当他们在安静温馨地享受晚餐时，不必去接听一个新型的分时段假广告。但市场研究员则不必对此有所担心，因为该法案的作用范围不包括市场研究、慈善团体和政党的来电。不论是否被包括在内，电话调查的工作自 2003 年以来已越来越难开展了。因为即使免打扰电话单的保护政策并不涵盖市场研究来电，但它还是为消费者对不请自来的电话授予了“只说不”的权力。

更令人惊讶的是，令《文学荟萃》杂志声名狼藉的 1936 年预选民调所面临的问题可能会重新出现。最近的一项研究表明：CDC（Centers for Disease Control，疾病控制中心）研究住户数目时舍弃了统计住户绑定的固定电话，而是将手机作为其主要的住宅电话。这对 CDC 来说非常重要，因为这个随机拨号电话调查是相关机构用来追踪全国健康情况和冒险行为的一个主要方法。如果被调查的样本没有代表美国的总体人口，那么调查结果就不可信。In-Stat 研究公司通过这一标签——切线人（cord-cutters），来形容这些日益增长的家用手机用户。更令测量师及调查员深感不安的是，22% 较贫穷的家庭切断电话线，这个数量近乎是较富裕家庭的一倍。研究这个又有什么用呢？

预选民意调查如同那些在 2008 年初选时错过的预测一样，是随机拨号电话调查，只针对固定电话，延用《文学荟萃》杂志的方法，只调查了买得起电话的家庭。而在今天，如果只调查固定电话用户则无法将那些穷人以及年轻选民的选票统计在内。最近的研究表明，虽然调查中没有包括那些仅使用手机的家庭用户，但这只对调查结果产生到了微乎其微的影响，然而，随着仅使用手机的人越来越多，参与手机与固定电话调查的人越来越少，调查能够真正接触到具有代表性样本的难度就越来越大。

如果我们看看 2008 年的总统竞选，那些为争夺党内提名、排名靠前的候选人（如奥巴马）就不难发现：对候选人的搜索可能并不代表对他的政治观点感兴趣，而是关心他的私生活，可以说这对他领导这个国家并没有多大的影响。再例如在 2008 年 1 月，对共和党前竞选人约翰·麦凯恩最常见的搜索则集中于他的妻子、家庭和女儿。在同一时期，网民对希拉里·克林顿的搜索则是在找笑话、漫画以及她在新州预选前的哭泣〔美国新罕布什尔州（New Hampshire）总统预选中，民主党候选人希拉里·克林顿在最后一刻赢得了女性选民的支持，以微小的优势赢得了新罕布什尔，这也是希拉里第一次在绝境中反弹，不禁喜极而泣。——译者注〕。

有趣的是，在超级星期二〔超级星期二 (Super Tuesday) 是美国一个大规模的总统候选人初选活动，通常在每个总统选举年 2 月或 3 月的一个星期二举行。当天多个州会同时选出两党的候选人。由于该日的结果往往决定最终的候选人人选，各候选人特别注重在这一天的表现，因此被称为“超级星期二”。——译者注〕后，胜算不大的共和党总统候选人麦克·哈克比（Mike Huckabee）（他做过牧师，新闻界喜欢称其为福音派候选人）与巴拉克·奥巴马所不同的是，在对含有哈克比名字的前几项搜索中并没有提及他的宗教信仰。与之相反，网民感兴趣于他和查克·诺里斯（Chuck Norris）的关系，因为后者是哈克比的拥护者，曾多次在公开场合为他上台打气。

搜索数据告诉我们：作为对每位 2008 年总统候选人感兴趣的一类代表，网民更感兴趣于候选人的外表，而不是他们的立场或投票纪录。但并不能因此就不公平地说作为一个国家，我们不关心政治问题，我们只是没花太多时间把候选人与这些问题联系到一起，至少在互联网上没有。网络政治只是我们上网冲浪时关注相对较小的一个部分。据 Hitwise 所统计的 756 个政治类网站的数据显示：2008 年 1 月，政治类栏目只得到了 0.23% 的网民访问。为了正确地看待这一现象，像时尚、保险、彩票、赌博等类别，都比政治类有更多的访问量。

除此之外，在我们检查在该类别中为网站发送访问量的搜索词条时发现，有一些关键词能让我们深入地了解在任何特定星期内最受关注的政治问题。在对候选人的查寻中，名次靠前的搜索问题是政治博客和投票结果。在过去几年中一直雄居搜索榜首的政治问题是“人工流产”，其次是被远远地甩在第二位的“死刑”。到了 2008 年 1 月，“国家债务”入围该榜单，很可能是与隐约逼近的经济衰退所造成的忧虑和恐慌有关。

考虑到网络政治类别中出现的某些令人混乱的变量，你就会了解到，想凭借网络行为和搜索行为来预测竞选结果为何特别困难了。比如在浏览政治网站时所出现的跨越立场规律，我们越是接近选举，越会出现一些新的难题，像是人口统计和对某一候选人支持率的在线调查，都会为竞选预测带来更多的麻烦。对于这种混乱，有没比罗恩·保罗更为典型的例子了。

当来自得克萨斯州的众议员罗恩·保罗宣布角逐白宫宝座时，他着实吸引了不少眼球。在争取共和党提名阶段，罗恩·保罗的政策显然标榜的是自由主义。尽量精减政府，带有削减国家财政部门以及其他联邦机构的激进观点。在初选前的预选调查中，罗恩·保罗的支持率徘徊在很低的个位数之间，共和党支持率的 2% ~ 4%。令人惊奇的是，他在网上的得票率却高得爆棚。超级星期二的初选，罗恩·保罗的网站是所有政治候选人中访问量最大的，无论是民主党还是共和党。他还比其他候选人拥有更多的搜索量。那么为什么罗恩·保罗在实际民调以及初选投票的支持率会如此不尽人意呢？

保罗得到的选票与网上数据之间存在着看似异常的差距，这对 Hitwise 数据来说并不足为奇。罗恩·保罗的领先地位存在于几个测量业务中，包括 Google 趋势，它是 Google 中一个将具体搜索词条的查询量进行排名的业务。在 10 月 9 日，CNBC 主办了一次网上民意调查，要求读者凭个人喜好为参与密歇根州辩论的共和党候选人投票。罗恩·保罗的票数取得了压倒性的胜利，记录显示得票率超过了 75%。结果如此出人意料，以至 *CNBC.com* 的总编辑艾伦·渥斯特勒（Allen Wastler）张贴了一封给罗恩·保罗"忠诚的"的公开信以解释说，CNBC 网调查得到的保罗在辩论中大获全胜的这一结果，与其他任何"正式的"的民意调查有所不同，他已决定放弃这一民意调查的结果，以免其被处理成为有目的的鼓吹保罗选民数量的竞选话题。但那些搜索罗恩·保罗的人到底是谁呢？

我们看到罗恩·保罗的网站最大一部分访客是青年数码英才，克拉瑞塔斯对其的描述是"富裕、受过高等教育和民族混居的青年数码英才，所居住的社区通常充满着典型的时尚公寓建筑、健身俱乐部和服装精品店、休闲餐厅和所有类型的酒吧——从果汁到咖啡再到自制小酿”。在罗恩·保罗网站的66种访客类别中，青年数码英才占到了15.4%。我们将在第10章对青年数码英才以及其他早期采用者进行更为深入的探讨。这一特定群体的技术能力可能有助于解释在网上调查和传统调查之间所存在的差距。按渥斯特勒来看，如果有那么一个群体，拥有非常便捷的技术因此能够在网上进行投票的话，那么正是青年数码英才群体。但另一方面，青年数码英才的这一特点使其群体偏向了另一个特点——切线人。

然而可以证明的是，在2008年的大选中，罗恩·保罗要想赢得共和党的总统候选人提名几乎没什么希望，通过测量，他的网站访问量所得到的高人气与预选的低选票存在的差距只会继续扩大。即使这位特殊的候选人可能不会在这次选举中存在机会，但更令人困扰的是，随着不安装固定电话的人口增长，那些越来越不准确的传统调查是如何偏离美国民众的实际投票情况呢？如果民意调查只作为自我满足的预言（如果我的候选人在民意测验中只获得了这么少的支持，那我为什么还要在他/她身上浪费选票），那么不准确的调查结果可能会改变选民的行为，并最终影响选举结果。

博客访问量告诉你谁是真正的消费者

对于如何了解网络政治资讯，博客访问量为我们提供了更为深入的视角。亚利桑那州立大学（Arizona State University）政治学教授马特·海德曼（Matt Hindman）有一个理论，即如何应用我们的数据而使政治博客访问量的流动方式形象化。通过市场占有率和点击率来划定该类网站的排名。如果用户们访问某一具体网站时，能够详细地说明人们从何处来、到何处去，这对研究他们最开始的访问类别会有很大的帮助，马特已构思将两个数据来源相结合在一起，并把政治类别绘制成网络地图的形式。

如果我们模仿马特·海德曼在他的网络政治地图中所做的那样，把访问规模和流量来源两个因素结合起来，我们就可以看到哪个网站占据着中心位置，哪些网站处于边缘位置，并用类型学方法将政治网站用颜色进行编码（白色代表民主党、黑色代表共和党、灰色代表无党派的网站）。从图 2-2 中我们可以看到，民主党人和共和党人在如何访问政治网站这一点所存在的差异。

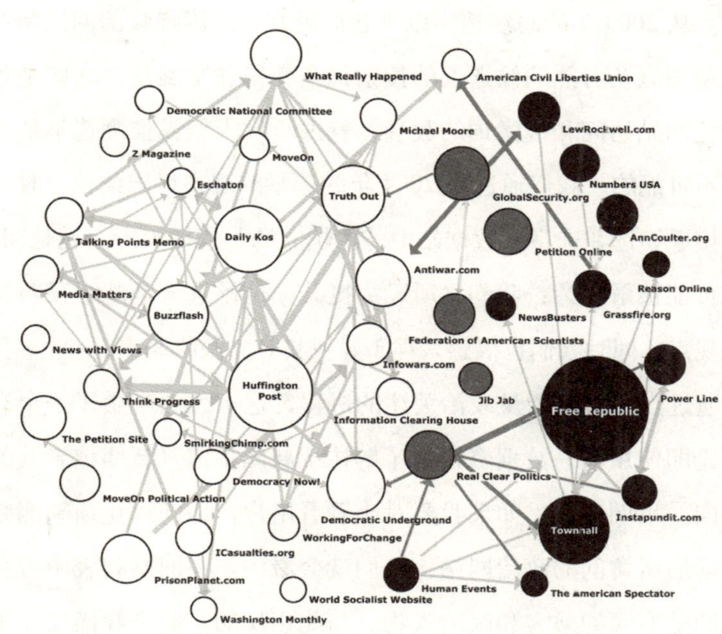

图 2-2 网络政治地图

选取于 2007 年 5 月的这幅网络快照，体现出来的最明显的一个差异就是，对右倾博客的访问实际上只局限于非常狭小的范围内。如果你访问了 *Townall.org* 或 *Anncoulter.com*，那你就不太可能再访问其他右倾的博客，不同于他们的左倾对手，后者创建了一个可以相互链接的紧密蛛网。 在左倾的白色领域内占据中心地位的是像 *Huffingtonpost.com* 和 *Dailykos.com* 这样的网站，处于政治博客访问量的中心。这最有可能归功于其受欢迎程度以及它们自由的链接策略，它能自由地链接到其他文章，同时又用相关内容的交换搜索单将读者吸引回来。政治地图同时还表明，存在一些网站充当两个派别之间的桥梁。类似 *Real Clear Politics* 和 *Free Republic.com* 网站，它们作为两组政治思想之间虚拟的桥梁而脱颖而出。

但这张由海德曼在 2007 年 5 月所绘制的政治地图只是一个网页快照。从 2004 年的总统选举以来我们就知道，围绕政治网站所形成的流量图以及对热门候选人的搜索词条变得非常混乱，这就是为什么单凭网站访问和搜索词的数量，就去验收人气或推测选举结果几乎是不可能的。我们通过对 2004 年的选举的观察得出结论：时间上越是接近初选和选举，数据站中“跨越立场”的搜索行为越是明显。这最可能被解释为：我们之所以力挺某一位候选人是基于反对其对手的观点，同时我们也很感兴趣于寻找其对立派的弱点。

通过点击率来衡量政治关注的进程，这一想法产生了一个有趣的推论即使用同一数据资料来了解传统新闻报道（新闻读者）的政治倾向。举例来说，如果我要对比看看用户在访问福克斯新闻频道网站前后所访问的政治网站，我们就会看到，在网站列表中占主导地位的是右倾的博客和政治人物。与此相反的，如果我描绘一下访问过 *CBSNews.com* 之后用户所登录的政治网站名单，排除访问麦克·哈克比的网站（2008 年 1 月和 2 月，他似乎在这里赢得了他最初的胜利），就会发现大多数的网站随着 *Dailykos* 和 *Huffingtonpost* 的访客一起，全都倾斜到了左边。

表 2-1　访问福克斯新闻网之后访客立即浏览的政治网站
（2008 年 2 月）

网　站	下行百分比
You Decide 2008	9.20%
Real Clear Politics	0.33%
Major Garrett's Bourbon Room	0.13%
Michael Savage	0.11%
Mike Huckabee	0.09%
Power Line	0.09%
Fred'08	0.06%
The Politico	0.05%
Human Events Online	0.05%
newsBusters	0.05%

信息来源 :Hitwise

表 2-2　访问 CBSNews.com 之后访客立即浏览的政治网站
（2008 年 2 月）

网　站	下行百分比
CBSNews-Elections	1.05%
Real Clear Politics	0.46%
The Huffington Post	0.24%
The Politico	0.16%
ICasualities	0.14%
Taking Points Memo	0.09%
MyDD Direct Democracy	0.08%
Daily Kos	0.08%
You Decide 2008	0.06%
Human Events Online	0.06%

信息来源 :Hitwise

然而，对于新闻网站的访问习惯可能无法证明新闻报导的政治倾向，但至少它表明了某一个带有明确观点的观众，被基于相似观点的新闻网站所吸引。类似的分析可以应用到报纸网站，甚至是候选人的官方网站上，可以帮我们确定出该网站访客的政治倾向。

任何特定网站或网站类别的访问前后的点击率和采集资料，可以为我们的业务提供新的视角。如果我们能够追踪用户的站与站之间的互访并在政治类别里进行描绘，就可以将这种能力加以利用，来描述互联网用户在网上是如何消费新闻和娱乐事件的，我们对有竞争力的空间就有了一种全新的观察方式。例如，可以询问任何一位杂志出版商，他们认为有竞争力的标题都是什么，我几乎可以保证，通过对杂志网站访问前后的观察，该杂志会考虑使用他们可能从未视为有竞争力的标题。

去年我在纽约访问了一位出版商（也是我的客户），就谈到了何为有竞争力的杂志标题这个问题。我的客户（管理着从时尚到新闻以及其他标题）正致力于一个他们在时装业领军杂志的标题。当然，标题编辑们将其他的所有重要的女性时尚杂志视为他们的竞争对手。但通过检查点阅率数据，我可以提出一个参考建议，就全国范围来看，在线杂志读者在读到一个具体标题前后会选择哪本在线杂志来浏览。

就我的客户情况来看，正如结果所证明的那样，在他们杂志标题的点击量中还包含了其他的女性时尚杂志，但他们在另一组时尚杂志的网站中居于次位，尤其是青少年的时尚网站。编辑嘲笑我的调查结果，认为它没有道理。他们的品牌显然更加高档，但我却很难去怀疑在线消费者提供的数据的可靠性。通过对客户网站上的访客进行人口统计和消费心理分析，我们发现了一个特定青少年群体，他们出身于市内富人区和郊区别墅区家庭，具有其他社区青年所没有的独特的行为特征。事实上，这些高消费阶层的青少年正表现出对时尚标题的兴趣，而这正是那些居住在乡村的同龄人所缺乏的。

在时尚及其他类别中，像政治、零售、医药、旅游中存在大量资料，显示了谁才是真正的消费者（往往与我们所想象的截然不同），这对我们应该向谁做市场营销带来了新的启发。

市场调查技术从 1936 年的《文学荟萃》投票选举以来取得了进步，但 70 多年以后，我们依然面对着为了得到精确的结果而寻找具有代表性样本的问题。网络用户的大样本准确反映人口（只要是在线人口）状况并提供了另一种观察视角。网络数据还进一步为我们提供了在过去所不能得到的分析视角。不过，这些视角并不总能从分析简单的调查问题中轻易得到。

对观察行为的研究有时就像寻宝。它既要求理解数据中所蕴含规律的右脑技巧，又要求构想假设并用现有数据进行验证的左脑能力。我就以舞会晚装为例。

第3章 搜索经济

Prom in January

5月才举办的舞会为何在1月就达到相关词条的搜索高峰?
看似闲聊的信息,为何蕴含着无限商机?
在Facebook和Myspace上,你可以看到朋友们在干什么……
为什么"9·11"事件后,订婚戒指的销量会大增?
为什么卡特里娜飓风肆虐后的一周,出现结婚礼服搜索高峰?

把握时机就是把握一切。关键时刻拿到关键的赢点，准确出击，挥球过网，到小品压轴时抛出一个笑话博得满堂彩……无不体现着时机的重要性。有人认为，把握时机是人类的天性和本能，但互联网数据则显示，有时人们对重要事情的判断力会有那么一点偏差。换句话说，我们所感兴趣的话题往往都是循环反复的，有周期性的，那么我们真的知道什么时候是波峰，什么时候是波谷吗？

透过消费者的搜索规律找准销售对象

例如，一个服装零售商想要在最佳时机出售舞会晚装。如果像大多数零售商那样认为舞会都在 5 月举办，那他就会认为 3–4 月将是礼服在线出售的最佳时机。但不幸的是，如果你遵循这种推理，你将错过一年中最大的获利机会，而且年年如此。

不同于那些超级联盟的击球手或一语中的的笑话标题，如果我们不能凭借本能去把握时机，那我们又如何找到适当的时机呢？这就要靠互联网了。作为一个网络研究者，透过这些疑问，我逐渐认识到一个有趣的事情，那就是社交网络和用户生产的媒体革命所带来的副产品。互联网的发展，经历了一开始的人们只能阅读静态的网页，到我们把自己的大量生活信息公诸于网上，从而形成了一个日益丰富的数据库，我们可以从中了解我们的社会，或更具体地了解人们在任何时间里的准确想法。别人认为没有价值的闲聊资料，我却能从中看出一些门道。现在我们有请这位虚拟网友上场了。我决定花些时间去 MySpace 上去看一看，以帮助我理解在查询舞会晚装中所看到的一些搜索规律。这里还真不缺舞会晚装的问题，我看到了我想要的，就让我们称第一个虚拟网友为“泰勒”（Taylor）吧。

从对年轻人的了解来看，我首先就意识到了他们和我上学时所用的联系方式大不相同。就拿电子邮件来说，去年也是在 Facebook 和 MySpace 上，我只要点击几次就能看到泰勒的朋友们都在做什么，他们在哪，以及他们正在看什么、听什么。显然，泰勒是一个新时代的年轻人，也被喻为“次世代”，她过着无限连通的生活，而这是一个 40 岁的网络分析师所无法弄明白的。在我十多岁时，别人想找我无非是来我家找我，或是给我的父母打电话，而且还是固定电话。如果在学校，一天的大部分时间、晚饭时或晚 10 点以后，谁都别想联系到我。而泰勒的联系方式却是非常完备的，她可以在 Twitter（手机博客服务）那样的网站里贴一些她的想法，而整个网络的人都看得见。如果她经常贴帖子的话，我们很容易就可以了解她的想法。你可以通过电子邮件或即时讯息随时与她联络，如果她没有上网，那你还可以给她打手机，或者最好发短信。

泰勒过着一种特有的生活，主要围绕她的朋友圈和时尚话题，所有这些都在她的 MySpace 网页上写得一清二楚。她是学校里的拉拉队队长，纯粹的 B 级学生，还是校法语部和四健会（美国农业部的农业合作推广体系所管理的一个非营利性青年组织，使命是“让年轻人在青春时期尽可能地发展他的潜力”。四健分别代表健全头脑、健全心胸、健全双手、健全身体。——译者注）的成员。尽管她有丰富多彩的课外活动，但泰勒的 MySpace 网页上还出现了一个麻烦，那就是她的高中舞会。事实上，网页上整个左手边写的都是她考虑之后的“赞成的意见”，一系列滚动播出的照片，记录了她和她的朋友们在初中舞会时的样子。泰勒的网页内安装了一个嵌入式 MP3 文件，播放着埃德温·麦凯恩（Edwin McCain）为电影《灰姑娘的故事》（*A Cinderella Story*）所演唱的主题曲 *I'll Be*，那是去年初中晚会上一首非常受欢迎的慢歌。

通过浏览她的网页，以及她所要填写的无休无止的转发问卷（“次世代”对连锁信的回复），不难得知，她还对其他一些事情感兴趣，如她爱看《橘子郡男孩》（*The O.C.*，美国一部热门电视剧集）、《拉古那海滩》（*Laguna Beach*，美国一档恋爱真人秀节目）、《现实世界》（*Real World*，美国一档模特真人选秀节目）、《全美超级模特儿新秀大赛》（*American's Top Model*，一个给参赛者争夺模特儿及化妆品合约的美国真人秀），当然少不了非常热门的《美国偶像》（*American Idol*，美国大众歌手选秀赛）。泰勒的 461 个网上“朋友”的前 10 位也出现在她的网页中。在今天这样一个到处都充满着电邮、短信和交友网站的时代，年轻人可以通过网络用电子设备相互联系，这可要比处于前网络时代、我上高中那阵好得多了。我发现这些“朋友”的身份有点可疑，在我浏览了数不尽的“大喊大叫”（shout-outs）、“你好吗”和各种各样的头像图片后，却发现只有很少的一部分人来自泰勒的现实的生活圈子。

现在，我的注意力集中到了泰勒最喜爱的读物上面。一份问卷问出了这样的问题：您最喜爱的书是什么？她的回答是：“《时尚》（*Vogue*）青少版算吗？”我揉了揉太阳穴，开了一瓶泰诺（*Tylenol*，扑热息痛制剂。——译者注），继续浏览她的网页。透过她的个人资料我们不难看出，泰勒非常热衷时尚和购物，最爱光顾她们小城外的大型购物中心的精品店。

但我有点过头了。也许我应该就此暂停，好好问问自己，为何一个正常的40岁异性恋男性，用周一一上午的时间，浏览各种各样的MySpace网页去创造泰勒这个人物，去试图了解年轻人的媒体消费观和时尚感呢?

故事开始于加州红木海滨（Redwood Shores）的一个毫无特点的办公楼的写字间里，在这安排了我一整天的会议、完成期限和管理任务，但在我盯着屏幕时，我把一切都暂且放下了。我想，这肯定有什么东西搞错了，要不然美国互联网用户1月的搜索排行前几名怎么会有“舞会晚装”呢?

我开始查看美国用户的每日浏览和搜索习惯。在任何一个特定的日期，我都会为在线零售情况作评估，最新的一个评估是为Google做的，我也会为在线浏览网站的访客作统计资料，我几乎天天如此。与面对一个单一的数据谜团不同，这还是我头一回投身一个庞大的数据库，试图揭开隐藏在事情背后的神秘面纱，而它则是无法用我的常识去理解的。有时我花在数据研究上的时间还不到1个小时[通过搜索数据，我能否预测《美国偶像》或《与星共舞》(*Dancing with the stars*) 下一个赢家?]，有时不到1天（汽油涨价对混合动力汽车有什么影响?），而有时它们可能耗时1年，并跨越几个领域，“舞会晚装”的神秘搜索恰恰就是这种情况。

我手机上的信息灯闪了一下，提醒我还有其他紧迫的问题需要处理，但是此时此刻最吸引我的还是屏幕上所显示的，对所有零售网站1月的交易量的调查：在近100万个搜索词中，排名第23位的竟是“舞会晚装”。我曾派给一位分析师一个任务，就是让他通过搜索词条的目录，去研究是哪些搜索词条链接到2万家零售类网站，并找出这些搜索行为的规律。基于多年来对搜索行为的研究，我们可以得出，许多网络用户都是通过搜索引擎来链接网站的，利用对域名的搜索，比如 *ebay.com* 或 *www.ebay.com*，所以这些域名总是出现在搜索行为的前列。而排名第23位的“舞会晚装”是第一个非链接词条，这对于5月才举办的晚会来说，真是相当令人费解。

当面临一个反常理的数据时，我所采用的策略就是从其他的数据来源寻找支持的证据。我快速地浏览了1 400名客户的数据库，从中找出了一些服装设计师和百货公司。我还快速地找到了一些礼服设计师的电话和有关礼服的专业网站。在给这些可能知情的人士打了30分钟电话后，所得的结论就是：这些人都认为晚装的销售时段是从3月开始的，一直延续到5月末，这段时间正是我们所谓的舞会季节，而且他们也一致认为我们的数据出了问题，因为他们都把广告和推销规划安排在3–5月这一时段。

我仍然百思不得其解，作为一个可视信息的分析者，我决定要绘制一个图表，显示为期两年的“舞会晚装”搜索量，然而这幅图却印证了我们在搜索目录中所看到的结果，即在这两年的1月，搜索量大幅度的上涨。当我喝这个上午的第二杯咖啡时我还是很困惑，难道我们在网上的行为不应该与我们在现实生活中的行为保持一致吗？为什么在互联网上对舞会晚装的搜索偏偏在1月呢？

我的注意力又回到了泰勒身上，在此我要说明一下，她真的是一个我创造出来的人物，是一个研究的工具。我们用她来了解我们的消费者并制定相应的市场营销计划，以便吸引此类的消费者。在我整个市场研究的职业生涯中，我发现，如果你花够多的时间来观察数据，那你就会失去客观性，这几乎是不可避免的。往往当我面对一个定量的问题时，我会运用我的右脑，基于行为规律去描绘一下如今的网络用户。在这种情况下，我从宏观问题“舞会为何在1月举办”出发，然而，当事情落到一些真实的情况和实际的问题上，这就需要我们描绘一下如今受舞会困扰的年轻人了。通过创造泰勒这个人物，或许我就可以找出一些原因，来解释这些网上的数据与服装业提供的信息之间所存在的差异。

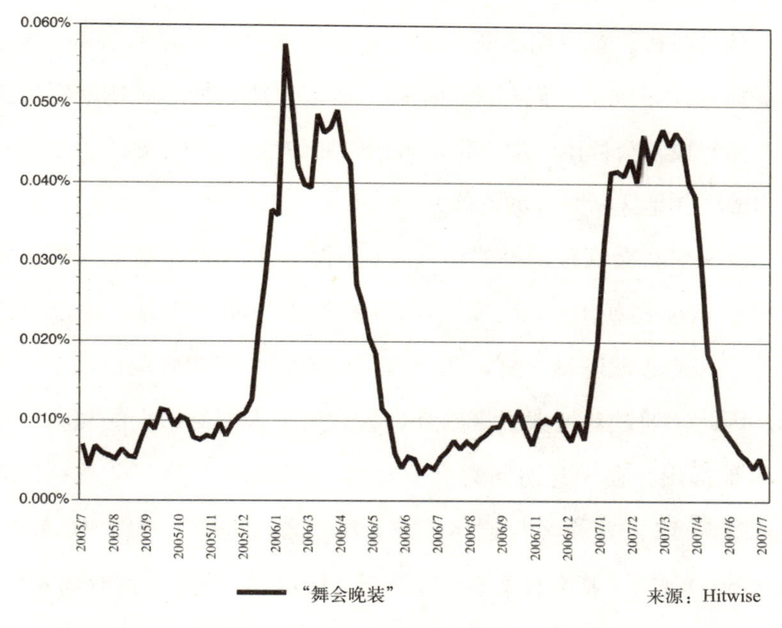

图 3-1 “舞会晚装”的搜索量

为了创造泰勒，我开始简单地搜索了一下对“舞会晚装”的查询。通过使用我们的搜索行为数据库，我选出了在1月的第二周，人们在搜索“舞会晚装”所进入的最热门的网站。那一周排名第一的是*www.promgirl.net*。这个名为“舞会女孩”的网站可谓包罗万象，既销售专门设计的礼服，介绍未来流行趋势，还提供舞会帮助，其中竟然可以链接到痤疮的治疗方法。

我还有一个非常强大的工具可供使用，一种能将美国人口基于行为数据分成66个类别的系统。其中的行为数据包括商店购物、杂志订阅、媒体行为和调查回复等。这一数据由美国南加州克拉瑞塔斯（Claritas）公司编制，该公司也因PRIZM（美国克拉瑞塔斯市场研究公司开发的一套基于地理、人口统计因素分析的市场细分理论和工具。——译者注）而家喻户晓。运用PRIZM对我们的数据进行分类，就可以将对全美超过35 000家的网站的访问分开来看，一类一类的进行统计分析。克拉瑞塔斯还会把这66个类型积累起来形成生命进程群体（即提供由人们在他们年轻、成家、成熟期的居住地所形成的群体）或社会群体（即提供由人们的居住地是市区、郊区、小城市、城市或农村地区所划分的群体）。

我又对舞会女孩网站的访问量绘制了一幅图表，结果与舞会晚装的搜索模式如出一辙，即访问高峰期都集中在1月，通过对该网站访客的心理进行分析，我创造出这个青少年的典型代表——泰勒。因此，通过对搜索引擎的查询再到对个人网站访问的观察，我们不难得出，在1月访问舞会女孩这一网站最多的一个类别，就是标签为T2的富裕乡村群体，或者叫“乡村闲适”群体（Country Comforts）（“T”指乡村类别，“2”指富裕程度，富裕程度分为4等，1代表程度最高，4代表程度最低）。为了建立泰勒的个人资料，我回到克拉瑞塔斯数据库，找到一个“乡村闲适”群体最集中的美国乡村，那是一个安静的乡村地区，在东弗吉尼亚州（Virginia），接壤于切萨皮克湾（Chesapeake）。在Google上快速的搜索一下，便很容易地找出了当地最好的高中，然后我又在MySpace上查找了一下当前高中生的基本情况，得到了大量参与舞会的“乡村闲适”

群体的概况，完全不费吹灰之力。这一概况的数据非常丰富，包罗万象，从最喜爱的音乐到电视节目、商店，甚至朋友之间开玩笑的时间和日期都写得清清楚楚，在这里他们讨论了很多的话题，除其他一些事情外，当然还少不了即将举办的舞会。

通过浏览这些不同的资料可以看出，舞会与我上学那个年代有了明显的变化。我搜索了一下舞会生意的市场份额，出乎意料的是，这个行业非常庞大，根据 IFA（International Formal Asscciation，国际礼仪协会）的数据显示，该行业每年都有超过 40 亿美元的成交额。据 IFA 估计，如今每对参加舞会的年轻人，在晚宴、豪华轿车、捧花、头发、男士礼服、裙子等上面的平均花费超过 1 200 美元。我不知道当年我舞伴的裙子花了多少钱，但我知道，我租了一件男士礼服（40 美元），我的车是向父母借的（加了 10 美元的汽油），在她的门前为她献的花（10 美元），还有包括舞会门票在内的晚餐（每人 40 美元），我一共花了 140 美元，当然，那是在 1984 年。时移势迁，根据 IFA 显示，如今每个参加舞会的女孩，在那个重要时刻到来的前几周平均试穿的裙子超过 33 条。

在经过对这一潜在的商机的大量考察之后，现在我该回答我之前提出的问题了：如果舞会季节是在 5 月的中下旬，那么对舞会晚装的搜索为什么都集中在 1 月的第一周？我又回到了根据搜索词条所绘制的图表上。我最开始绘制的图表是以“舞会晚装”的搜索模式为依据的，并没有顾及最终的搜索结果如何。然而将这一图表按搜索结果来划分，我就能够分析这些用户的实际用意了。举例来说，如果我们要为“舞会晚装”的摸索模式制图，我们或者以访问专业服饰网站的用户为根据，或者以访问更普通的百货商店网站的用户为根据，那这样就会得到两个完全不同的模式。还记得泰勒在网页上写的那些她喜欢的杂志吗？她可能一看完杂志上的潮流预测，就立即上网查找她的舞会晚装了。

与那些在1月初就会达到搜索高峰的曲线相比，普通百货商店网站的访问情况就大不相同了——一般都要到4月中旬才能达到搜索高峰。如果有两种截然不同的搜索模式，那就有可能存在两种完全不同的行为类别，那我就得描绘另一种参加舞会的年轻人、需要第二份个人资料了。

与追求时尚的泰勒不同，那些在4月中旬搜索舞会晚装的年轻人，很可能是搜索与价格有关的词条，如“廉价舞会晚装”，可能会访问像 *www.edressme.com* 这样的网站，而集中在4月中旬的访客多是那些不太富裕的郊区住户，称为S3或“中郊群体”。在此我要为大家介绍第二位舞会晚装人物——“凯西”（Cassie）。当她们在星巴克点香蕉法布奇诺（Banana Caramel Frappuccinos）时，你将很难区分这两个十多岁的女孩（住在乡村的“闲适一族”和住在郊区的“中郊群体”都可能经常光顾星巴克）。

不同于时尚前卫的泰勒，我们的第二个女孩凯西则更注重舞会的实用性。凯西生活在佛罗里达州奥兰多（Orlando）城外小郊区的单亲家庭里。像泰勒一样，凯西也喜欢购物，但她的衣着品位更趋于实用化、价位适中。在她的MySpace网页上，凯西罗列了一份她喜欢的商店名单，其中包括阿贝克隆比 & 费奇（Abercrombie&Fitch，美国第一大休闲品牌，也是当今年轻人最青睐的品牌，属于国际大众品牌。——译者注）和Hollister（是知名品牌阿贝克隆比 & 费奇集团系列超人气Hollister co.副牌商品）。

与泰勒的那个青少年乌托邦似的网页不同，凯西的网页是一个青少年烦恼倾诉站。网页的背景音乐是一首愤怒的重金属歌曲，有相当一部分歌词我都看不懂。然而这种音乐似乎与她的博客搭配得恰到好处，完全表达了她对早年弃她而去的父亲的仇恨，以及在她那黑暗的哥特式（Goth-themed）的个人资料中所表达出对男孩的普遍怀疑："只想要一件事"。

对凯西来说，舞会只是在校期间一种毫无节奏感的派对。事实上，从豪帅金快活（Cuervo Gold，一种产于墨西哥的烈酒。——译者注）和暗棕色的房间来看，凯西很清楚地表达了她的个性，这似乎都出自于她那古怪的"哥特"性格（我通常都将"哥特"与苍白的皮肤，染黑色的头发和吸丁香香烟相联系）。她的网络行为不仅显示出了一个问题丛生的童年，也体现了她在搜索舞会晚装时更突出的价格意识，所以她很可能会在3月底4月初才开始为舞会做准备。对凯西来讲，与其说舞会是要精心准备一年的大事，倒不如说是一个无法避免的程序。在这种情况下，她对购买舞会晚装势必不会作过多考虑。她最有可能在网上先查看一些礼服的基本款式和价格，然后在当地的购物中心的商店里购买。

现在我们终于知道这两类青少年之间的差别了，结合购买心理再来看网上的数据，我们就可以看到他们不尽相同的生活细节，但最重要的，也许还是让我们终于理解了，为什么一些女孩会在1月大量地搜索舞会晚装。

互联网如何改变人们的购买行为

正如我多年来对网络趋势的研究所得，在网上每年年初都是一段非常特殊的时间，它是一个反思、组织和计划的虚拟沙漏。头脑中最靠前的话题可以从减肥到健身、戒烟、甚至怀孕（从来没有想过要把怀孕作为一个新年的计划，我会在第4章具体介绍）。当然，新年伊始，青少年时尚杂志也将开始介绍即将来临的舞会潮流。

通过观察别人的搜索行为或浏览模式，我们也可以从中看到自己，舞会晚装便是一例。我们把离线世界所发生的事情也设想到在线世界中，但情况往往并非如此。大量的在线用户量行为数据，不仅揭示了两个世界之间的差异，也揭示了我们在任何特定时刻兴趣与想法之间的微妙差别。迄今为止，了解社会的行为、喜好和对刺激的反应充其量是一门不精确的科学。研究人员想要了解社会，或凭借经验数据，或通过调查而得来的调查数据，但这两种数据也都存在各自的局限性。依靠观察行为去收集经验数据，除非已有现成的资料，否则收集起来并不符合成本效益。

互联网逐渐融入我们的日常生活，用它丰富的网上元素取代了我们现实生活的某些部分，但这些网上元素还包括一个有趣的副产品。你是上网搜索电话号码，还是翻电话薄？你是发快捷的电子邮件，还是动手写信？你是不是更可能先在网上做出旅行计划，然后再打电话给旅行社作预定？当离线的活动为在线所代替，我们就有了一整套丰富的观察资料，它为我们提供了一种观察视角，以了解人们在日常生活中的所作所为。这种视角并非是只观察搜索数据表面的波折起伏，而是能直接看到这些搜索背后的实际用意。举例来说，通过观察网络的使用情况，我们可以获得一种观察视角，研究信息轰炸如何改变人的行为，比如电视、出版物、甚至互联网本身的信息轰炸。

不妨考虑一下，互联网对舞会晚装的购买行为引起了多大的改变。在互联网出现之前，舞会晚装的购物旺季一直由零售商控制。舞会流行的款式最早也要在 3 月下旬才开始在商店展示。而互联网的出现，则使舞会流行商品与资讯在一年 365 天、一天 24 小时内，随时随地、唾手可得。我能理解像泰勒这样的年轻女孩如此心急地搜索舞会晚装，但所有 10 多岁的网络用户所呈现出来的搜索规律始终令我费解。难道一月的第一个星期（平均来说）真是舞会晚装的高峰吗？

有时我去做演讲还会把一些这样图表放映出来，期待着我的观众也许会帮我解开这些谜题，或者提供一些线索。我想碰碰运气，于是就带着舞会晚装的图表出席了在线出版商协会（Online Publishers Association）组织的一个晨报会。演讲结束，当我正从投影机上断开我的电脑时，一位先生走了过来。他对我说："我对舞会晚装的事情非常熟悉，我想我知道你要的答案。"我立刻放下手上的事，接过他递给我的名片，得知他是一个主流出版社青少部的总经理。他说："你看，青少年印刷媒体在过去几年中已经改变了用户的行为。多年前我们的舞会广告旺季，确实如您预期的是在 3–5 月。但为了延长我们的宣传季节（对青少年时尚杂志来说，舞会季节一直是最赚钱的广告时段），我们已经把我们的舞会时装版放到了一年的最开始，也就是新年那一期。随着时间的推移我们已经改变了用户的行为，所以女孩们寻找舞会流行趋势都会在每年的 1 月，也就是我们延长的那段广告季节"。

确实，每本《娇点》（*Cosmo Girl Prom*）和《17 岁舞会》（*Seventeen Prom*）杂志都把新年的第二个星期作为主打，预测接下来这一年的流行趋势，以吸引像泰勒和她朋友那样的女孩们。因此，青少年们已经形成了这样的思维定式，那就是在每年从 1 月份开始就着手为舞会晚装做准备，足足提前 5 个月。对这幅反常理的 1 月舞会晚装搜索图表进行分析，是我进入这一数据的第一条线索。但舞会时机的某些方面并没有发生什么改变。把所有观点都放到一起，我绘制了这个包含"裙子"、"舞会发型"和"男士礼服"所有搜索词在内的一幅图表。假设头发是仅次于舞会晚装可能引起大量搜索的下一个问题，那么我们就可以看到，与其他搜索相比，对舞会晚装的搜索开始的到底有多早了。

如果你还想知道，十多岁的男孩是不是也加入了这种对舞会的搜索，那我们也可以在表中查看“男士礼服”在同一时期的搜索。对“男士礼服”的搜索要比女孩们对舞会晚装的搜索量小一些。为了进一步区分这两种性别对搜索所存在的差异，通过查看他们所登录的那些网站，我们不难看到，登录男士礼服网站的访客竟然一半以上都是女性。这一结果可以解释为，男孩们的服装都是他们的舞伴或是妈妈给准备的。访客们的区域数据可以让我们了解到更多的情况。举例来说，舞会在南部可是件大事。在网上关于舞会的一个最热门的问题就是“增加裙子尺码”。对这一问题感兴趣的人最有可能访问 *www.sydneyscloset.com* 网站，它声称能够“增加你的魅力”。有趣的是，来此网站的访客大多都来自密西西比州、路易斯安那州、北卡罗莱纳州和格鲁吉亚。虽然在南部呆了很长时间，但对于这种现象，我也只能联想到南部乡下美味的家常菜。

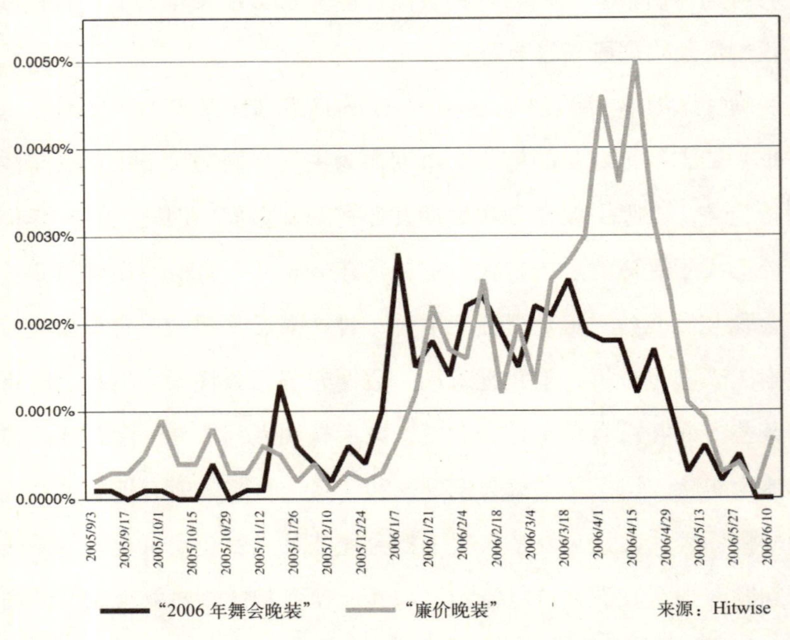

图 3-2 “2006 年舞会晚装”和“廉价晚装”的搜索量对比图

并非所有对舞会晚装的搜索和搜索者都是被创造出来的。我开始分析含有“舞会晚装”最常见的词组。数据显示，我们可以用多种方法将这些访客分门别类，从颜色到设计师，尺寸问题，再到相关价格。出于我们对调查的需要，下面就让我们继续紧随这两种简单的类型——追求时尚型和实际购买型。如果仔细研究每年1月多如潮水的搜索，我们就会发现，它们大多在搜索未来舞会季节的潮流趋势。1月的搜索中包含设计师一词的有“蒂凡尼舞会晚装”、“艾丽丝舞会晚装”和“xcite舞会晚装”，我们可以设想处于这一繁复杂时期泰勒的情况，并从她描述的建议区讨论中实际获取一些片断。但是在稍后的时间里，也就是3月和4月的时候，我们发现像凯西一样的女孩正忙着搜索一些比较实际的问题，比如“廉价晚装”、“打折晚装”或“便宜晚装”等。按照这一思路，在年初的时候，对舞会晚装的搜索驱使人们访问时尚网站，而在稍后的时间里，这些相同的访客也可能登录百货公司的网站。

这个看似荒谬的数据问题现在终于解决了。同时，这件事也很好地证明了互联网是如何改变我们的购买行为的，它改变的不仅是舞会晚装，还包括像杂志出版商那样的出版业，可以使他们把广告宣传提前整整5个月。它也为时装业提供了一种途径，将这一事物扩大并超出了美国国界。

为什么在线数据比本能判断更可靠

在2005年的夏天，我曾有幸作为搜索领域里有竞争力的人才在伦敦演讲。由于得知我对晚装的着迷，并且了解舞会向来是美国的传统，很多英国经理们都要求我不要讲这一话题，以免疏远我的英国观众。当然，这样的要求几乎成为了我作重点发言的一个前提。

就在要演讲的前一天，我一时兴起，研究了一下“舞会晚装”在英国的的搜索量。出乎意料的是，英国竟也有大量的相关搜索，并且与美国的搜索模式惊人的相似。对于这一趋势我多少有点困惑，我发现很多的访问量都集中到了 *www.teentoday.co.uk* 这个网站上，并且都在“联系我们”的一个页面的电话号码表上。该网站的编辑奥利弗·米京斯（Oliver Meakings），由于急于了解美国的传统，所

表 3-1　美英两国前 20 名含有“舞会”的搜索关键词

（截止于 2006 年 5 月 6 日一周排行榜）

美国前 20 名（U.S. Top 20）	百分比
舞会晚装 (prom dresses)	11.02%
舞会发型 (prom hairstyles)	6.69%
舞会头发造型 (prom hair styles)	3.18%
舞会头发 (prom hair)	2.55%
舞会盘头 (prom updos)	2.31%
舞会 (prom)	2.27%
舞会裙子 (prom dress)	1.22%
低价舞会晚装 (cheap prom dresses)	1.13%
舞会鞋子 (prom shoes)	1.09%
舞会的发型 (hairstyles for prom)	0.82%
舞会的头发造型 (hair styles for prom)	0.63%
蒂凡尼舞会晚装 (tiffany prom dresses)	0.58%
2006 年舞会晚装 (2006 prom dresses)	0.54%
舞会发式 (prom hairdos)	0.54%
2006 年舞会发型 (2006 prom hairstyles)	0.52%
舞会发型图片 (pictures of prom hairstyles)	0.46%
舞会的发式 (prom hair dos)	0.43%
性感舞会晚装 (sexy prom dresses)	0.33%
2006 年舞会 (prom 2006)	0.31%
舞会长裙 (prom gowns)	0.31%

（续表）

英国前 20 名 (UK Top 20)	百分比
舞会晚装 (prom dresses)	19.85%
舞会发型 (prom hairstyles)	4.11%
舞会裙子 (prom dress)	3.45%
舞会头发造型 (prom hair styles)	2.10%
舞会 (prom)	1.81%
舞会头发 (prom hair)	1.46%
舞会晚装英国 (prom dresses uk)	1.45%
舞会鞋子 (prom shoes)	1.43%
低价舞会晚装 (cheap prom dresses)	0.74%
舞会西服 (prom suits)	0.47%
租用舞会裙子 (prom dress hire)	0.47%
舞会裙子英国 (prom dress uk)	0.32%
英国的舞会晚装 (prom dresses in uk)	0.28%
在英国的舞会晚装 (prom dresses in the uk)	0.22%
舞会晚装设计师 (designer prom dresses)	0.22%
舞会时装表演游戏 (fashion show games prom)	0.22%
伦敦舞会晚装商店 (prom dresses shops in london)	0.20%
英国舞会晚装 (uk prom dresses)	0.20%
舞会珠宝 (prom jewelery)	0.20%
舞会着装 (prom wear)	0.20%

来源：Hitwise

以跨越了国界引入了美国的舞会。通过奥利（奥利弗的昵称）的网站，英国的青少年也会为了庆祝学年结束而举办舞会。在过去的这几年，大量的美国电视节目，如《比佛利山庄 90210》（*Beverly Hills 90210*）和最近的《桔子郡男孩》都列入了英国有线电视的节目名单里，已使英国青少年将舞会的传统吸收到了他们自己的文化中。

分别研究美国和英国的用户对“舞会”的搜索，我们就会发现：

榜单的前20名搜索词条具有很多的相似之处。也就是具有相似的目的性。在美国，头发显然是5月里一个非常值得关注的焦点。而在英国，搜索仍然集中于非常基本的问题，比如去哪买舞会晚装。两者之间的其他显著差异就是英国访客对男士礼服的关注更多一点。对“晚会西服”的搜索在英国位于第10名，而“男士礼服”一词根本就未出现在美国的榜单上。

晚装并不是我们在搜索数据过程中发现的唯一的、富有启发性的搜索模式。善于发现问题的灵感，又带领我们找到了结婚礼服的搜索模式。当然，我们也顺便链接到了订婚戒指。结婚礼服的搜索热度在网上排名第2（但远远落后于舞会晚装），但也像舞会晚装一样，搜索量的高峰期也在每年的年初。而对男士礼服的搜索，却跟新郎没有丝毫关系，他们甚至直到搜索“男士婚戒”时才在榜单的第145名初露端倪。

对“结婚礼服”搜索的高峰期还有另外两个时段，那就是每年的情人节这一周，还有婚礼旺季初期——7月初的这几天。如果你考虑到对“结婚礼服”的大量搜索更可能是用于求婚而非结婚，因为在此期间有两个重大的节日——圣诞节和新年，都是每年中最常见的求婚时期，那么1月出现的结婚礼服搜索时机更加需要用直觉来把握。

一幅与订婚戒指搜索规律不相符的结婚礼服图表，更证实了这一猜测。非常出人意料的是，2004年对婚戒的搜索高峰竟然集中到了感恩节的前一周。事实上,这一周的搜索量竟也是平常的2倍以上。

为什么搜索量会大幅增长？而这种增长在零售业中却没有任何体现？有两种说法可以对此进行解释。第一个比较实际的解释就是感恩节前的这个搜索高峰只是用户们在做一个相关的查询。因为网络作为一个主要的研究工具，为大量的采购提供参考意见，所以我们就有理由相信，用户在准备购买戒指的前一周上网去搜索一些建议，这完全是合乎情理的。

第二个观点有些悲观，是由我的研究分析师黎安·普雷斯科特(LeAnn Prescott)提出的。该理论认为由于感恩节是一个家庭节日，所以当然也可能是女孩带正式男朋友回家见家长的重要时刻。在此次“对话”之前，女孩们会问男友两人的关系要如何发展，这可能是女孩们提出的一个最后通牒；要么在见家长之前提出来，要么我们就玩完。一个“正当借口”就此演变成为订婚的最后通牒。也就是说，如果这个男孩想得到女方父亲的许可，把他的女儿嫁给自己的话，他就可以利用感恩节作为一个正当的借口。所以他就开始在网上研究订婚戒指，征求家长意见，并在除夕时准备求婚。

这突出了在这两个词条的搜索行为上所存在的显著差别，舞会晚装（进行搜索的主要是女性）是一个搜索周期，可以跨越4～5个月，花费大约在200美元～300美元。而对订婚戒指的搜索，这可能是一个男人一生中最重大的购置之一，搜索的窗口可能会持续一个星期。用这种方法观察两性之间的搜索差异，还只是一个开始。

在2001年9月，珠宝行业注意到了一个不合常规的销量增长，那就是订婚戒指竟然在“9·11”事件刚过后销量大增。在这个国难日，发生了无数的悲剧，例如世贸大厦被撞毁等，想想就知道，国旗的销售量会比往常上升1 800%，而军火的销售量也会超过100%，但订婚戒指的销售量也随即增长，这就有点让人百思不得其不解了。“9·11”的影响，显示了美国本土受到攻击，虽然大多数的美国人并没有经历这场灾难，但仍然兴起了强烈的爱国主义风潮，出台了某种程度的治安维持政策，同时也让我们对自己进行了深刻的反思。这个事件，让整个国家感到愤怒想要报仇，同时也让我们感到空虚与无知。当我们发现全国的婚戒销量都在这一时期上涨时，我们才发现，“9·11”事件还让很人都感到了一种联结的需要，通过彼此的陪伴而寻找力量的需要。

分析2005年的节日假期，两年前11月的婚戒搜索规律没有再重演。但回头看看，9月初的婚戒销售量却出现了不合时宜的上涨。对结婚礼服的搜索高峰也处于同一时期，也就是飓风卡特里娜（Hurricane Katrina）大为肆虐之后的那个星期。

当提到人们在网上难以捉摸的搜索兴趣时，时机就变得变幻莫测了。就像去年的“舞会晚装”那样，人们的兴趣一直在变化，竟然又回到了11月、12月。当我与各行各业的营销人员一起讨论时，随着时间的流转而逐渐清晰的是，我们对人们的搜索兴趣与我们对时机的错误判断源于我们本能的错误判断，而这种错误是普遍存在的。为了了解消费者所利用时机的最新情况，查看其在线行为是了解重要事件及重大时刻的一个最可靠的途径。

第4章 搜出一个新年黄金周

Failed Resolutions and the False Hope Syndrome

为什么滞销的巧克力两周内销量猛增?

珍妮·杰克逊走光给谁带来了好处?

美国广播公司著名新闻主播的死亡吸引哪些访客?

为什么搜索量平稳的“肺癌”，突然间飙升到3年来的最高点?

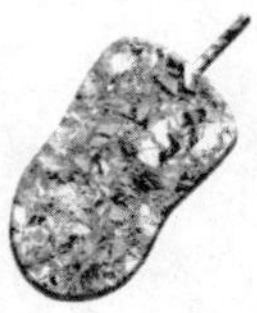

对网上行为的分析来说，每年 1 月份的第一个星期特别值得留意。这期间网上有大量的搜索、访问和传统的偏方妙计，比如减肥、健身和戒烟等。一年之计在于春，有些搜索行为表明，每年的第一周是深刻反思和长远规划的重要时刻。

与其研究我们什么时候对某个话题或事物感兴趣，还不如研究一下我们自己的生活，我们在新年伊始会做些什么。有时，我们的研究可以瞥见到人类的局限性、缺点甚至是弱点。但必须承认，我们常常乐于检查新年计划的某些细节，发誓必须有所改变，而这种决心往往虎头蛇尾。

网络减肥广告的烟幕弹

搜索词条的数据有助于洞悉我们生活的方方面面。无论是在零售会议、旅行或其他行业集会上，我有时会把我制作的图表用幻灯片播放出来。通常我播放的图表不带任何名头或提示语，让观众去猜这是什么图，往往会冒出各种稀奇古怪的猜测。当大家都莫衷一是时，我才公布这是美国人在网上搜索“减肥”的规律统计图。有趣的是，一旦我指出这是什么图，大部分观众都能分辨出何时是波峰，何时是波谷，根本就不用看X轴上的日期。这可能因为我们中的大多数人，或者我们认识的一些人，都在体重问题和错误的饮食问题上备受折磨。

广告铺天盖地,想不看都难。“4周减20磅”、“3天减10磅”、“减肥，不用练、不节食、不吃药！”这些耸人听闻的宣传对我们狂轰滥炸、无孔不入，电子邮件、搜索引擎、网站网页，到处充斥着这类广告。很明显，肥胖在美国已达到流行病的程度，影响人数高达6 000万人。看到这些广告，我的第一个想法就是，减肥要是这么简单的话，还会有肥胖吗？然而这些广告连绵不断，我们的腰围也逐年见长，这足以证明这些广告的虚假性，但其实际的危害却远非如此。这些广告不仅毫无效果，而且还损害我们的饮食健康？或许这些减肥药的效果跟它们夸大其词的广告根本就是背道而驰，最终不仅减轻不了我们的体重，可能还会增加我们的烦恼。

据网上数据显示，每年我们大多数的减肥模式，都在高峰期到低谷期之间徘徊。于是我们就对减肥的市场营销进行了一番研究，结果当我们在搜索引擎上查询最好的减肥方法时，那些乱七八糟的减肥广告就会铺天盖地地袭来。有关减肥和健身的搜索高峰期持续得非常短暂，确切地说，只有新年年初的头4天才会出现（搜索引擎上相关的营销恰巧也在同一时间开始）。据估计，每年年初都会有40% ~ 45%的美国人做出新年计划，但其中只有46%的人能坚持超过半年。然而，就像前面所讲的那样，认知失调的存在让我们对这一统计颇为怀疑（毕竟，有谁愿意向调查员承认，自己没有毅力去坚持自己定的新年计划呢）。

看来我们是没什么希望去坚持这些新年计划了，那为什么每年我们还要这样饶有兴致地去制定它，而后又不能坚持执行呢？答案可能在于，虽然非常短暂，但新年计划可以给予我们一种自我控制感，让我们感觉到自己有能力改变自己，可以控制自己的生活、体重、身材或财务状况。但由于年年都以失败告终，接着又一次开始新的尝试，再一次燃起希望总想要从根本上自我改变生活，可最终又是失败，这就是“盲目希望综合征”。

多伦多大学的心理学教授珍娜·波维伊（Janet Polivy）创造了“盲目希望综合征”这个词，以此来描述她的研究成果。盲目希望综合征一词用于解释以下情况：我们周而复始地尝试给自己希望，企图改变以前的失败与错误，可自己根本做不到。波维伊博士认为，盲目地定下改变决心与希望，让自己得到一个暂时性的自我控制感，而这种感觉也往往让我们忘记了之前失败的回忆。这种控制感是非常短暂的，而且如果我们的减肥期望越高越不考虑自我能力时，那失败的可能性就越大。

87名妇女参加了多伦多大学的一项研究实验，以证明这些不切实际的减肥广告的效果。在这项研究中，这些妇女被分成若干组，分别体验广告中所宣传的3种减肥程度，从“1周减12磅”到“1周减6磅”再到“1周减2磅”。

在实验开始阶段，这些妇女被告知她们要参加两个不同的研究（虽然这两项研究同属于一个实验）。在播放完广告后，这些妇女又被告知要参加一个品尝饼干的研究。这4组人员被分别带到一个房间，那里有大盘的饼干在等着她们。10分钟的品尝时间过后，这些人离开了房间，所有的饼干都被称了重量，各房间内饼干的重量在4个小组之间产生了明显的不同。然而对这些参与者的短期饮食习惯，那些广告会起作用吗？

数据给出的答案是肯定的。那些看了最具诱惑的减肥广告的人吃的饼干最少，而那些看了平淡无奇的广告的人吃得最多。这一实验证明，人们可以对自我生活做出重大改变。那些期待“1 周减 15 磅”的人，她们的渴望很可能与她们的自我控制感有关。不幸的是，因为大部分的减肥广告的减肥方法都要求大量限制卡路里的摄取量，根本达不到预期的效果来证实它们所做的承诺，所以才会让减肥者以失败和失望告终，这也就是波利维博士所谓的盲目希望综合征。

看看我们以往上网的习惯，几乎可以把新年或 1 月 1 号定为盲目希望综合征的法定假日了。我们可以看到，这一天大量的网友沿用着波利维博士所研究的改变生活计划。我们起初还兴味盎然地查询有关减肥和节食的资料，而随后立刻又认识到了这个目标太脱离实际，于是也就不了了之了。那么关于盲目希望综合征以及缺乏自制力，互联网的数据又能给我们说明些什么呢？

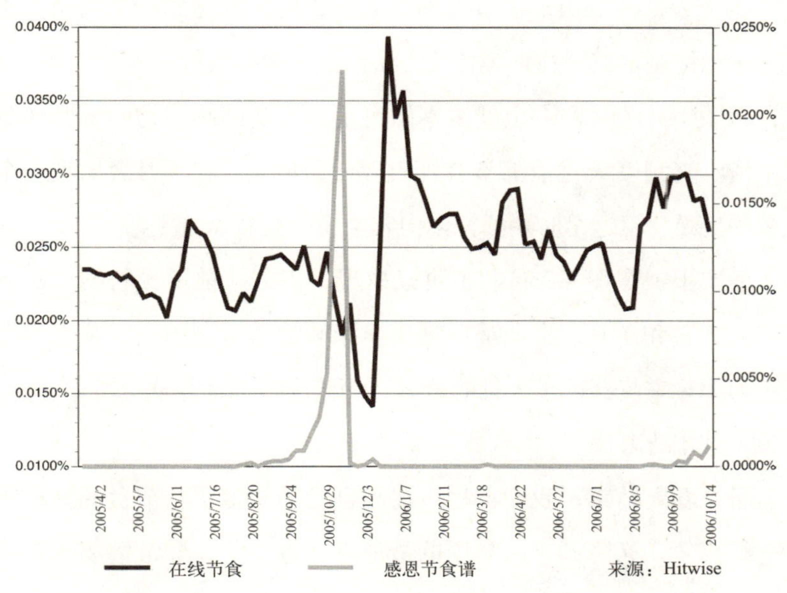

图 4-1　访问在线节食网站与搜索“感恩节食谱”对比

对于我们的心理因素、短暂的自我控制感以及兑现我们的改变承诺，网上浏览和搜索词条的数据都做了相关说明。在网络时代，对减肥的认知可能取决于网络广告，电视、电台这样的传统媒体，促使我们上网去查寻更多的相关资料，那么我们最有可能使用的查寻工具就是搜索引擎。只要追踪集中的搜索词条，我们就能够了解其中的搜索规律了。每年的 1 月 1 日，商店和书店都会在前台摆满各种饮食、健身、家居改善的书籍，健身房也会为了这一天做很多宣传。于是搜索引擎就会出现可预见的、令人印象深刻的查寻高峰。据此我绘制了图 4-1，同时涵盖了“感恩节食谱”和在线节食这两种类型的搜索行为，来表明在享受饕餮盛宴的这个节日里，我们也会产生少量的节食想法。

不仅这些走势陡峭的搜索曲线令人印象深刻，就连每年对节食网站的访问规律都是整个网络行为中最可预见的规律之一。每年新年的这一天，网络用户在节食网站上的访问量会达到一个高峰，主要寻求如何制定减肥计划等相关方法。但这种积极性只能持续 4 ～ 5 天，到了 1 月 5 号左右也就基本结束了。节食网站的访问量开始急剧下滑，直到夏天之前都不会再出现任何增长。在 7 月会出现一个短暂的反弹，但这个时期的搜索内容主要围绕着泳装主题展开。

事实上，在图 4-2 我们也可以发现，正如之前所预料的，一到每年的 3 月和 4 月，也就是在需要穿泳装的季节之前，比基尼就已经作为泳装主流获得了大量的搜索，而其高峰期往往从 5 月末开始，直到 8 月才结束。

而当夏天结束，我们再也不在乎自己的身材了，节食的兴趣也随之结束了，又降到了一年中的最低点，也正是我们最需要营养指导或者说是最需要控制饮食的那一天，摄入热量最高的那天——感恩节来临了。

据图 4-2 显示，新年那天是上网访问节食网站或搜索节食问题最多的一天，这其实并不令人惊讶。但当我播放这个图片时，还是有观众忍不住会笑，因为他们已经意识到自己就是这一话题的主人公，通过我们的网络行为更加加深了对自己的了解。

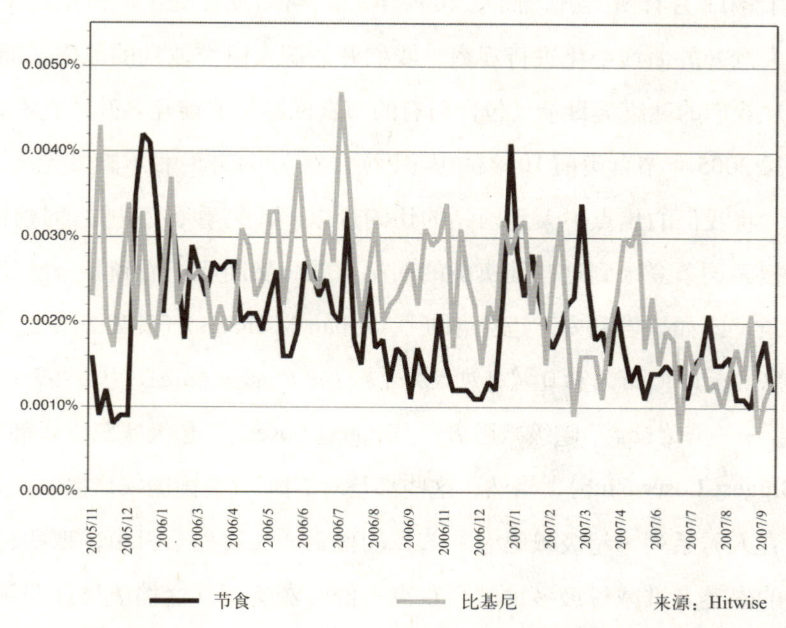

图 4-2　“节食”与“比基尼”的搜索量对比图

每当演讲结束，都会有很多人踊跃提问，当然还有很多人喜欢在演讲后进行一对一的咨询。在纽约的一次关于搜索引擎的会议上，有一个观众特意在报告之后留下来，就是想跟我说她有多么喜欢这个节食图。我趁机问她为什么觉得这个图有意思，她回答说，这幅图条理清晰，但最令人欣慰的还是她在这幅图中所看到的网上节食规律和盲目希望综合征。这不仅仅是她一个人的问题，而是这幅图表中所包括的样本人群都普遍存在的问题。

另一个反馈源于我的博客（*www.ilovedata.com*），在这里，我的分析团队上传了我们最受欢迎的数据图片和分析资料。一名眼光独道的读者指出，在 2005 年年底，关于节食的查询发生了出人意料的变化。在仔细地观察了博客上的图表之后，我的访客发来一个节食网站的访问量，我们都注意到，这个节食网站的访问量在 2005 年的 9 月至 11 月有所上升，而在 2004 年的同期却没有变化。根据这个令人意外的曲线变化进行观察，我们开始深入研究波动的原因。而且从我们的健康类目录（包含所有的节食网站）的前几名开始查看，位居 2005 年节食类前 10 名的很多网站，在 2004 年时根本默默无名。

将我们的焦点扩大到网站的访问量以外，去看看用户是通过什么搜索词条登录到这些健康类的网站上的。然而我们看到了一些新词条，比如“吉利安·迈克尔斯”（Jillian Michaels）〔美国著名健身教练，在 NBC 著名栏目《超级减肥者》（*The Biggest Loser*）中担任教练员。——译者注〕、“超级减肥者”（Biggest Loser）、“超级减肥俱乐部”（Biggest Loser Club），当然，这些都是对 NBC（美国国家广播公司）的真人秀系列《超级减肥者》节目的搜索，在这档节目中，那些超重的参赛者谁减得最多谁就会获得一份高额奖金。这档节目证明了电视（在我们与肥胖对抗的过程中，作为一个长期遭受指责的罪魁祸首）与我们健身的兴趣之间的讽刺关系。讽刺的是，感恩节的那一周，在《超级减肥者》的最后一季里，那些减肥者不得不离开教练，而去网上继续寻找更多的减肥方法。

在过去几年中我们已经看到，由于互联网对人们的吸引，互联网对电视已经形成了不小的挑战。一项 IBM 的数字媒体的消费报道指出，“在所有受访的消费者中，19% 的受访者每天有 6 小时或更长的时间用来上网，而只有 9% 的受访者用这段时间来看电视。66% 的受访者每天有 1 ～ 4 个小时用来看电视，还有 60% 的受访者用这段时间来上网。”网上数据显示：随着互联网的兴起，我们越来越多的人使用网络去查找我们刚刚在电视上看过的节目和广告。这种从电视到电脑的转变是十分明显的，例如在网上直播电视节目，或者它们也可以是潜移默化的，就像以下这个产品植入的案例一样。

由于数位录影机（DVR）技术的快速应用，观众能够快速地越过商业广告的阻碍，这就使得电视节目和广告商们必须寻找在电视节目中插播广告的方法，以使电视观众们乖乖地坐在沙发上看他们的广告。根据伯恩斯坦分析公司（Sanford C. Bernstein）的研究数字表明，到 2009 年为止，录像机的广泛使用会导致超过 180 亿美元的广告费用损失。而产品安插、植入式广告和收费节目的出现，成为广告商们抵消广告费流失的解决之道。在电视节目中植入商业广告早就不是什么新鲜事了。其中早期最为成功的案例之一就出现在电影《外星人》（*E.T.*）中。

最初史蒂芬·斯皮尔伯格（Steven Spielberg）准备将 Mars 公司的 M&Ms 糖果定为 E.T. 最喜欢的甜点。但由于 Mars 公司拒绝向其提供产品，所以斯皮尔伯格又将目光转向了好时巧克力公司，他们决定在电影中不使用好时公司（Hershey）销路较好的“亲吻巧克力”，而用他们知名度较低、销售成绩并不理想的 Reese's Pieces 取而代之。在电影热映两个星期之后，Reese's Pieces 的销售量跃升了 65%。

由于珍妮·杰克逊（Janet Jackson）在 2003 年超级杯上出现的走光事件（美国流行歌手珍妮·杰克逊在美式足球超级杯中场表演时走光。——译者注），引起某位音乐家的官方网站访问量在一周内猛增。更值得一提的是，2006 年超级杯的最大访问赢家归属于“坎迪斯·米歇尔”（Candice Michelle）。不知道坎迪斯·米歇尔是谁吗？就是她在 Go Daddy 网站的广告中，痛殴了百事可乐、百威啤酒、联邦快递和其他超级杯大赛的品牌广告商们。

就拿《超级减肥者》这个节目来说，NBC 用了一个承诺，就能影响坚固的网上行为规律，他们宣传适当的营养以及有条不紊的健身习惯是持久减肥的关键。每年的节食搜索词条无不结合了以下两点——最新流行的节食方法以及传统的减肥计划。包括饮食节目的收入、减肥诊所、书籍以及其他自助材料在内，饮食业的年收入在 4 000 亿美元左右。而这一利润的绝大部分均来自新年这几天，也就是我们决心要改变自己的这段时间。前一年对减肥话题的搜索，无非都与流行节食的话题有关，而那些搜索几乎每年都会出现。不过在 2006 年却发生了一个明显的变化，人们开始越来越关注健身、营养以及 NBC 最新的热门真人秀节目了。

网上搜索显示出我们藏在心底最深处的愿望——我们想要苗条。在所有包括“如何”（我们将在第 6 章详细探讨这一问题）这个词的最流行的搜索内容中，“如何减肥”、“如何变胖”、“如何快速减肥”位于查询榜的前列。在网上的搜索也显示出我们正在寻找一种快速的减肥方法，一种灵丹妙药，可以让我们快速有效地减掉体重。在所有包括“药”这个词的前 10 名搜索中，就有 6 个与减肥节食有关，包括像“阿尔力减肥药”（alli diet）、“芬特明丸”（phentermine）等，搜索量完全盖过了“避孕药”、“止疼药”和“安眠药”。

如果我们将所有的数据结合起来，不难看出，我们的社会变得越来越追求即时性满足。也正是在自我改变中所体现出来这种心血来潮的想法，使得我们的注意力全都集中到了瞬间发生的变化上。随着新科技的不断发展，互联网提高了我们了解新生事物的能力，无论是想得到最新的新闻、金融消息，还是与朋友、家人、同事的联系，我们都可以通过手机、黑莓手机（Black Berry）（一种无线手持邮件解决终端设备。——译者注）、手机博客或 Facebook 等方式来获得并不断更新。在一个万物皆唾手可得的环境里，掌握一切是如此的轻而易举，就好像你要是花过多的时间去关注某个特定的目标，似乎就会与我们的生活节奏快慢不一了。

表 4-1 健康生活方式类别中前 20 位搜索词条

（截至 2006 年 1 月 21 日那一周）

搜索词条（Search Term）	百分比
节食减肥者 (weight watchers)	1.56%
南沙滩减肥 (south beach diet)	0.80%
健安喜（gnc，美国自然保健品牌）	0.70%
24 小时健身 (24 hour fitness)	0.53%
营养系统 (nutrisystem)	0.48%
卡路里计数器 (calorie counter)	0.43%
曲线 (curves)	0.37%
珍妮・克雷格 (jenny craig)	0.36%
节食 (diets)	0.35%
超级的减肥者 (the biggest loser)	0.34%
减肥 (weight loss)	0.34%
超级减肥者 (biggest loser)	0.32%
脂肪杀手 (hydroxycut)	0.29%
倍力健 (bally total fitness)	0.26%
节食减肥者网站 (weightwatchers.com)	0.25%
阿金斯减肥法 (atkins diet)	0.23%
黄金健身房 (golds gym)	0.23%
健身中心 (la fitness)	0.22%
www.lightnfit.com	0.22%
血糖指数 (glycemic.index)	0.21%

来源：Hitwise

“停止吸烟”与“肺癌”的是是非非

除了新年的第一周，还有一些其他事情也可以对人产生“触动”，想要改变自己。比如某个名人的死亡或是恶习，这种事情一旦发生就会促使人们去考虑改变自己现在的生活。不幸的是，就像新年所制定的计划一样，这种改变也非常短命。减肥及健身引导的是新年计划型搜索。而位居第二名的关于戒烟的搜索，就有点难以估量了。浏览新年头一个月的搜索，其中包含有“停止”一词的搜索，让我们发现新年里又出现了一个新的计划。而且其他的新年计划，如对“停止流汗”、“停止打鼾”的搜索，与“停止吸烟”的搜索量对比起来更是相形见绌了。后者经常是连同药品一起进行查寻，比如说“戒烟药物”、“停止吸烟枪杀”和“戒烟药”等。

围绕戒烟所展开的搜索，显示出新年计划的不合理性。其中，戒烟的主要原因之一是为了避免这一习惯所造成的不良后果，主要是担心患上肺癌。然而在搜索词条中，几乎很难发现在戒烟和肺癌之间存在什么的联系。如果与其他的新年计划的搜索进行对比，就会发现，关于“停止吸烟”的搜索并没有在2006年新年那天达到搜索高峰，与此相反，后者的搜索规律则贯穿于全年之中。虽然没在新年那天达到搜索高峰，但对戒烟的关注却在同年的4月出现了显著增长的趋势，当时正直FDA（美国食品及药物管理局）即将批准一种辉瑞公司（Pfizer）的新药，而该药的作用是可以帮助1/5的烟民戒除烟瘾。

而在1月出现的“停止吸烟”的搜索高峰则与“肺癌”搜索毫无关系。因为我们也发现了其他许多严重的疾病，比如说某人被诊断出患有某种疾病与吸烟有关，也可导致对戒烟搜索的大幅增加。

2005年8月,67岁的美国广播公司著名新闻主播彼得·詹宁斯(Peter Jennings)患肺癌过世的消息震惊了世界。詹宁斯在当年4月得知自己患有癌症,然而在经历了5个月的痛苦化疗后,最终还是向病魔屈服了。对肺癌的搜索在这周也急剧上升,其中包含了有"肺癌"一词的搜索,例如"肺癌症状"、"肺癌的症状"和"丹娜·里夫(Dana Reeve)肺癌"等。已故演员克里斯托弗·里夫(Christopher Reeve)的遗孀丹娜·里夫公布,在詹宁斯去世两天后她也被确诊患有肺癌。而就在8个月后,里夫也向这种疾病屈服了。在2006年3月的那一周,对"肺癌"搜索达到3年来的最高点,搜索量是平常1周的3倍。

尽管詹宁斯和里夫相继辞世,我们对肺癌的认识也逐渐增加,但令人好奇的是,对导致肺癌的主要原因的搜索在这一时期并未出现任何增长。关于"停止吸烟"的搜索则明显的一直处于平缓状态。难道就因为里夫无吸烟史,所以即使她患有肺癌也对当年的戒烟搜索造成不了任何波动吗?或许在搜索"肺癌"和"停止吸烟"之间缺乏某种联系,从而进一步体现了盲目希望综合征的特点。在1月时想要改变自我生活的计划,更多的是出自改变本身所给予的力量,而不是对肺癌的担心。

崭露头角的"怀孕"经济

减肥、戒烟、锻炼等计划,全部都是传统的新年计划。综观这些搜索数据量,你也会发现其中存在着一些非传统的新年计划,例如怀孕。将怀孕作为新年愿望会不会让你有些出乎意料?听起来跟你平常所见到的新年计划不太一样吧?如果我们将"怀孕"与"结婚礼服"、"健身"以及"节食"的查询都归纳到一幅图表中,你就会发现,这些搜索都会在1月的第一周出现上升。"结婚礼服"的搜索会在这周过后立即下降，而“怀孕”的查询则会在整个年初期间持续攀升。

造成这一现象的主要原因，除了奉子成婚或在假期中顺利求婚之外，还可以用其他的两种理论进行解释。

首先，这些词条的趋势非常相近，这种迹象可能表明一些准妈妈们正在考虑胎儿的健康问题。一些受欢迎的婴儿网站都在年初推出了相关方面的内容，以满足妈妈们的需要，鼓励她们为了孩子的健康而停止吸烟、停止饮酒并开始锻炼身体。

其次，怀孕本身就可以作为一项新年计划来制定。通过查看那些最热门的怀孕网站的搜索词条以及访客特征，我们不难发现，类似“怀孕”一词在年初成为了最热门的搜索,这足以证实第二种观点。

搜索“怀孕”所查到最热门的网站就是怀孕网（*pregnancy.org*），它提供信息资源给那些孕妇或正在考虑怀孕的妇女。通过对该网站的访客所进行统计分析，我们发现了一个很有趣的现象。一年内，该网站的访客在年龄、性别和收入水平几个方面一直发生着变化。多年来该网站一直委托统计研究部门将访客进行分类统计，这也不是什么稀奇的事。但是在网络信息竞争如此激烈的今天，我们发现网站做的访客统计会在短期内发生显著变化，而且只有短短几个星期。对怀孕网的访问情况正是如此。

将怀孕作为新年的计划，其实理由也很简单。在过去几十年间，妇女第一次怀孕的平均年龄已稳步增长。这种增长可能与家庭双收入的增长有关，可能是由于夫妻双方都将生活的重心放在事业上，从而推迟了发展家庭的计划，直到双方的事业取得一定的进展之后才做打算。如果人们的生育规律产生变化，将婚后就立即生儿育女的规律改变成经济得到保障之后才生育的话，那么一些家庭把新的一年作为怀孕计划一部份的作法也就不足为奇了。

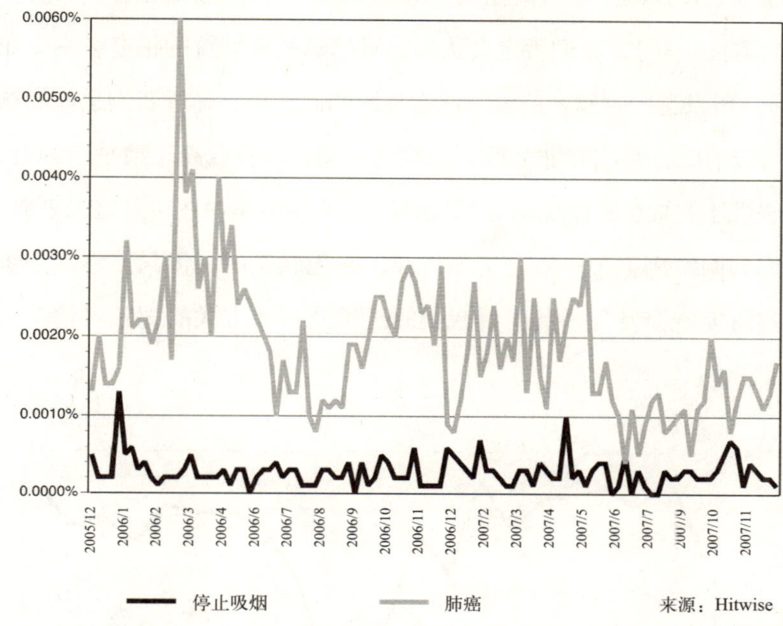

图 4-3 “停止吸烟”与“肺癌”的搜索量对比图

为了验证这个假设，我查看了育儿机构的网站和 *About.com* 怀孕网（*pregnancy.about.com*）的访问，了解了一下访客的年龄是如何分布的。将访问的低谷期与新年的第一周做了比较之后，我们不难发现：用户在这两个时段的人口统计公布确实存在明显的差异。举例来说，9 月对 *pregnancy.org* 的所有访问中，年龄为 25 ～ 34 岁的访客占总体的 39.4%。再来看 2007 年的第一周对同一网站的访问量，年龄为 25 ～ 34 岁的访客占总体的 48.4%，而年龄在 18 ～ 24 岁的访客的访问量则从 37% 下降到了 23%。对 *About.com* 怀孕网的访问也如出一辙，35 ～ 44 岁的人年越来越多，从秋季的 12.7% 升至新年第一周的 17.6%。

正如我们之前提出的，就在研究 1 月怀孕搜索的同时，我们发现了“结婚礼服”也在 1 月达到搜索高峰这一奇怪的现象。如果我

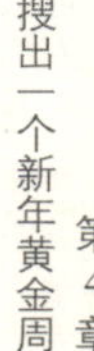

们注意到媒体的影响（就像我们通过 NBC 的《超级减肥者》来选择减肥方法一样），我们肯定会认为，对结婚礼服潮流的报道多集中在 3 月，所以这段时间才应该是搜索礼服的高峰期。通过我们之前的章节可以看到，事实并非如此。回顾这一切，现在我终于清楚地知道，一些媒体的做法足以证明对“舞会晚装”的搜索集中在 1 月这一事例。我们的网络浏览乍一看是毫无规律、毫无联系的，但只要你进一步观察研究就会发现，其中对我们的思维及行为方式的揭示可谓深入浅出。

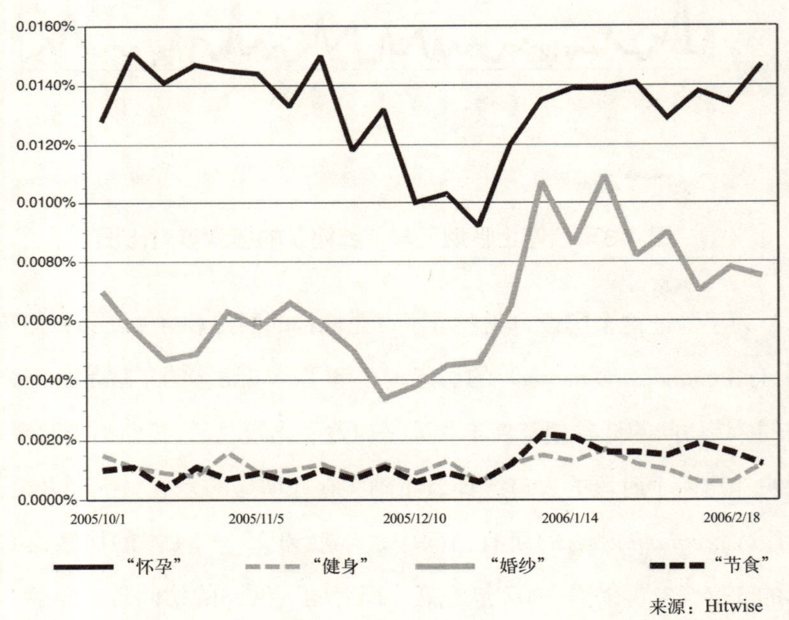

图 4-4　“怀孕”、“健身”、“婚纱”与“节食”的搜索量对比图

无论是在我们的新年计划的案例里，或我们在追求完善自我的其他情况下，网络给我们提供便捷的同时，也压制住了我们对生活的积极性与热情，换句话说，我想要什么就必须立即得到，而不想为它努力奋斗，耗费时间。如今，用来衡量一个长期目标的时间单位，不再是几年或几个月，而是几天。确切的说，也就是 4 ~ 5 天罢了。

对于自我修炼，我们的关注周期早已缩短，但在最近几年，我们对名人私生活的兴趣却有了显著上升。关于富人和名人的日常生活信息多如潮涌，对自己最喜爱的明星，我们的关注与日俱增。纵观网上行为，可以发现，我们当中有些人在名人堂里把明星当作神明一样虔诚供奉着。

第5章 如何利用名人赚取点击率

Celebrity Worship Syndrome

为什么名人的性丑闻视频成为称霸搜索引擎的最快捷径？
我们到底迷恋名人什么呢？离奇死亡、多变婚姻……
人们对恐怖片痴迷到何种程度？
男人和女人在访问名人网站上存在哪些差异？
欧普拉在竞选关键时刻如何助奥巴马一臂之力？

当下最重要的时政新闻——无论是伊拉克战争这样的人祸，还是像海啸和地震这样的天灾，抑或像油价飞涨、房市低迷或次贷危机之类的金融风波，天大的事与名人屁大的事相比那真是小巫见大巫，名人永远是人们乐此不疲的在线话题。安娜·妮可（Anna Nicole）猝死、帕丽斯·希尔顿（Paris Hilton）入狱、《美国偶像》选手安东妮拉·巴芭（Antonella Barba）艳照风波不断吸引人们的眼球，就连洪灾、饥荒或贫困都无法把人们的视线从这些名人身上移开。刚进军网络那阵子，我在搜索引擎公司身兼数职。然而，无论担任什么职位，名人效应对消费者网上搜索的影响之大，都令我惊讶。在这些检索中，我注意到某种类型的名人新闻更为抢眼。名人何以在我们的生活中变得如此重要，这些搜索曲线能回答这个问题吗？

你迷恋名人到何种程度

在担任 Hitwise 研究团队的总负责人时，我一直对名人热充满好奇。事实上，在我们掌握的 162 种分类中，仅娱乐人物这一类，就包含了 800 多个相关网站。在 2005–2006 年的大半年时间里，这些网站访问量的比例加在一起还是很小，大约只占互联网总访问量的0.1%。不过，在2006年11月，情况有了变化。

2006年年底，访问名人网站的图表(见图5-1)上清楚地显示出一个拐点。*PerezHilton.com*和*TMZ.com*上的名人博客一夜剧增。2007年2月，关于安娜·妮可猝死的消息引起了广泛关注。到2007年10月，仅仅11个月后，名人网站的访问量和专门讨论名人新闻的网站增加了一倍之多，此类网站访问量已占互联网总访问量的0.24%。放眼未来，美国名人网站将更加引人注目，与其相比，那些关于宗教、政治、健康的网站（其中也包括节食类的网站）只能甘拜下风。

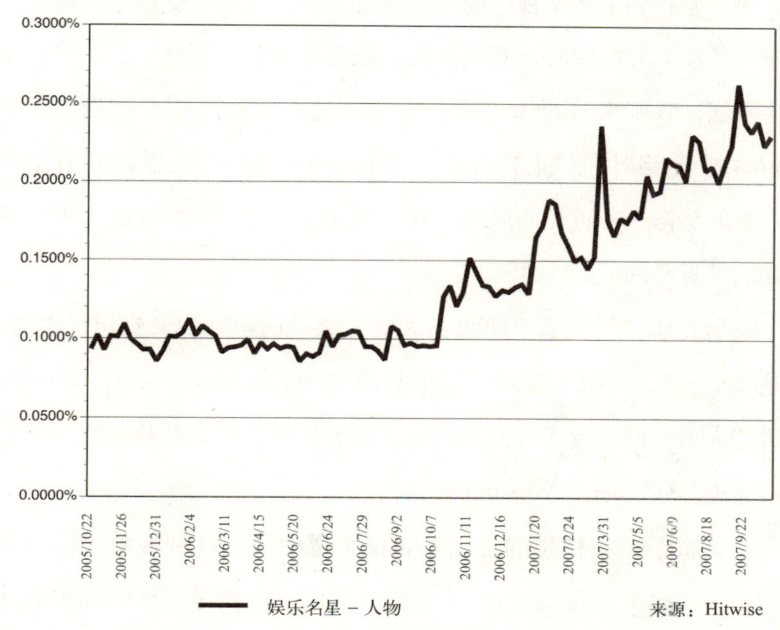

图5-1　访问娱乐名星 – 人物类别的市场份额

为什么整个社会都对名人如痴如醉，我百思不得其解。我还记得2003年底，我们曾对美国当时网络上最热门的话题进行了调查。

结果发现，尽管世界上发生了许多大事，但是由于那时正在热播帕丽斯·希尔顿与妮可·里奇（Nicole Richey）主演的真人秀节目《简单生活》（*The Simple Life*），一时间希尔顿成为网上点击率最高的话题人物。她不仅在名人搜索中位居榜首，而且在所有搜索中都独占鳌头。

我们搜索名人的原因有很多，但如果你想寻找当红的网络明星，如果你想称霸全国各大搜索引擎，名人的性丑闻视频无疑是最快的捷径。事实上，在 4 年后的今天，对互联网上所有色情短片的搜索中，帕丽斯仍占据了 7.4%。最常见的关于“帕丽斯·希尔顿”的搜索词条是“帕丽斯·希尔顿性爱视频”。

搜索偷拍名人照及视频越来越流行，调查数据表明这是一项男性主导的活动。与此同时，对名人的迷恋无处不在，不分性别、年龄及社会阶层。我刚来 Hitwise 工作时，遇到过心理学家吉姆·贺朗（Jim Houran）。他当时在“正儿八经”（*True Beginnings*）交友网站有个令人好奇的头衔——首席心理执行官，他所在的这个网站就是后来众所周知的“真心网”（*True*）。

此后几年，当我着手研究名人魅力这一话题时我又想起了吉姆。那是 2002 年，吉姆·贺朗、麦卡契昂（McCutcheon）及朗（Lange）等研究人员一同研发了人们对公众人物的迷恋程度，并将其称为“追星痴迷度”（Celebrity Worship Scale）。

一位富于创新精神的英国记者在报道中又给这种现象起了一个名字——“名人崇拜综合征”。吉姆·贺朗立即指出，他的同事们并没有把这种现象扩大到综合征的程度，与此相反，通过研究他们将人们对名人的迷恋程度划级分等。通过对 2 万多名受访者的多年研究，吉姆发现，在名人崇拜症的三种类型中，所有的受访者都至少具有一种。

第一种类型称为娱乐社交型（entertaiment/social）。这是成熟理智的追星族类型，聊名人的八卦新闻是他们社交生活的一部分，以此拉近人与人之间的距离，也为办公室里的闲聊增添乐趣。

第二种类型为强烈个人型（intense personal）。从这种类型开始，人们对名人的兴趣就有了明显的增加。人们认为自己和名人有某种联系，宣称“我相信我的偶像是我的灵魂伴侣”，“我的偶像使我神魂颠倒、难以自拔”。出于强烈个人状态下，人们从娱乐新闻中了解名人生活并以此获得满足，其行为表现常常脱离现实社会。

第三种类型为濒临病态型（borderline pathological）。人们对名人的痴迷程度达到疯癫状态。处于这种状态下的受访者声称，“哪怕我喜欢的名人让我做违法的事情，我也毫不犹豫。”而那些名人受搔扰的情况就常常出现于这种状态。

2002 年，当名人崇拜首次被提出时，尽管当时几乎没有历史资料表明这种现象曾经存在，但贺朗认为，其实名人崇拜根本不是什么新鲜事。迄今为止，偶像一直在我们的社会生活中扮演着至关重要的角色。

不过，直到互联网的出现，人们才开始对名人疯狂痴迷。在前互联网时代，人们渴望了解名人，但也只能通过报纸和名人杂志。而如今，名人的信息随处可见，无不令人啧啧称奇。无论你想了解哪个明星，只要通过登录他们的官方网站，浏览网络版名人杂志，或者搜索不计其数的娱乐博客、个人博客，甚至明星的个人官方博客，都能看到你所喜爱的名人最详细的资料。

哪类名人新闻更抢眼

我们到底迷恋名人什么呢？也许我们能从曾经引发名人搜索高峰的事件中找到答案。按重要性（按搜索量）排序，它们分别是名人性爱视频的曝光，某些名人的死因（并非所有的名人死因都一样引人关注），名人惹上的麻烦（被逮捕或是被监禁），接下来的主题主要涉及各类名人的约会、结婚或生子。

名人性爱视频的搜索明显区别于其他几项。在这类搜索中，搜索者为了找到实际的视频直接输入“性爱视频”一词，这些人中男性居多。另外，与其他色情内容相比，似乎当某位名人的个人隐私被曝光时，总能挑起人们更强烈的“性”趣。

只有为数不多的某些名人死亡才会引发搜索量的飞涨，继《花花公子》（*Playboy*）前玩伴女郎们相继神秘死亡后，近来最引人注目的新闻莫过于真人秀明星安娜·妮可的猝死了。2007 年 2 月 10 日，一个周末，也就是安娜·妮可死亡的那一周，她在全美互联网最热门点击词排行榜上名列第 5，达到了她过去 3 年个人搜索量的最高点。在这一周，安娜·妮可的官方网站 *www.annanicole.com* 的点击率攀升至历史最高峰。通过对这周登录她官方网站的访客所进行的人口统计学和消费心理分析，我们可以窥见出到底是什么人对她的早逝兴趣盎然。

安娜·妮可 1967 年出生于美国得克萨斯州，出身卑微的她，高中二年级便从得克萨斯州墨黑西（Mexia）的学校辍学。从《花花公子》杂志的封面女郎，到邂逅她的第二任丈夫——大她 60 多岁的石油大亨霍华德·马歇尔二世（J. Howard Marshall），

> 安娜·妮可的生活就像一部肥皂剧，甚至比好莱坞的电影更充满戏剧性。在马歇尔死后，为了得到16亿美元的遗产，安娜与前夫的继子展开了旷日持久的争夺战。在她的儿子过早地离奇死亡数月后，安娜·妮可也毫无征兆地离开了人世，难怪人们对她的死因充满好奇，接连不断的兴趣也并不出人意料。让我们看看在2月10日那一周里对“安娜·妮可”频繁的搜索吧，像“安娜·妮可死了吗”这样的疑问，可以看出她的死让人难以置信。然而，当人们希望找到她的“死亡图片”和她的“尸检照片”时，这就变成了一种病态的痴迷。

至于为什么会产生名人崇拜，比如人们对安娜·妮可死亡的痴迷，贺朗的解释是，如果人们都有可能与明星产生同感的话，那么这些名人就会获得更多的关注。正如玛格丽特·吉布森（Margaret Gibson）在《死亡率》（*Mortality*）（一本报道死亡周边事件的专业期刊。——译者注）发表的一篇文章中写道，“在人口密集且高度城市化的社会中，大部分陌生人的死亡并不引人注目和值得关心。而很多人都觉得和邻居、家人相比，他们更了解那些公众人物。

的确，安娜·妮可生前是同名真人秀电视节目《安娜·妮可秀》（*The Anna Nicole Show*）里的主角，通过这档节目，观众见证了她荒诞不经的生活。也许正是出于对她的这种混乱生活的关注，安娜·妮可死后才被追捧为超级明星。如果真是这样，那么我们可以对在2007年初，也就是安娜·妮可死亡的那一周，访问其官方网站的访客进行人口特征分析，以判断出哪些人最有可能与她感同身受。

在她去世的那一周，安娜·妮可网站的访客增加了8 000%。根据人口统计数据显示，这周访问该网站的大多数是女性，占访客总量的62%，年龄在44岁以下的占女性访客的79%，而其中作为访客中的主要群体，年龄在 35 ～ 44 岁的女性则占访客总量的 29%，其中家庭年收入低于 6 万美元的占女性访客的 62%。分析这些访客的心理特征可以得出，该类网站的访客最有可能是那些经济拮据的网络用户，也就是 PRIZM 体系所定义的“努力奋斗的单身一族”，他们主要是指那些“低收入的勤工俭学的 20 多岁的单身一族”。从居住地区来看，该网站的访客也处于最不富裕的农村类型之中，被称为“乡村生活”，这些人“收入微薄，教育水平偏低，住旧房子，蓝领阶层。”访客数据证明了这一理论，那就是，那些与安娜·妮可的出身最接近的人，最有可能在网上对她进行大量搜索。

也许正是安娜·妮可的早逝，人们才对她的网站抱有兴趣。众所周之，名人的死亡使人们对他们的迷恋变得不可理喻。2006 年 9 月史蒂夫·欧文（Steve Irwin）（鳄鱼猎人）被魔鬼鱼刺中，不治身亡。当天，含有他的名字和昵称的搜索量激增。但就像搜索安娜·妮可的尸检照片一样，并非所有的搜索都为了怀念史蒂夫·欧文的一生。尽管唯一记录史蒂夫·欧文死亡情况的录像带已经由他的摄制组移交给他的遗孀，但至今为止却还有人坚持要搜索“史蒂夫·欧文的死亡视频”。

A&E 电视广播公司（A&E Television Networks）高级营销经理柯菲·德温福尔（Kofi Dwinfour）发现了一种改变人们狂热迷恋的方法。在这个新媒体时代，传统媒体正在失去观众和读者。柯菲在 A&E 起着举足轻重的作用，他负责寻找有线网络频道和互联网公司之间的合作优势。在利用我们的数据满足客户需求之后，柯菲和我讨论了史蒂夫·欧文的视频图表。A&E 在有线电视网上播出了很多节目，其中包括由于部分片段太恐怖而不适合现场直播的表演。在过去，这些片段会在剪接室里直接就被剪掉了。但由于洞察到人们对恐怖片段有种贪得无厌的兴趣，柯菲有了一个主意。

A&E 有线电视网上播出了一档新节目《摇滚皇帝的一家》（*Gene Simmons Family Jewels*），追踪 KISS 乐队的摇滚明星吉恩·西蒙斯（Gene Simmons）的现实生活。在该剧的第二季里，吉恩和他的生活伴侣，前《花花公子》的玩伴女郎莎纳·特威德（Shannon Tweed）双双整容。由于这一片段某些部分过于写实，电视网对此进行了删节。但柯菲将完整版放到了网上，并对观众们表示，如果大家对此感兴趣的话，可以到 A&E 网站上去观看未删减版的视频。在那一集的电视播放后，观众们蜂拥到了 A&E 网站。究竟是什么推动了消费者兴趣，柯菲改变了我们以往的理解，他为电视和网络之间搭建起理想的合作桥梁。

男性与女性对名人网站访问的差异，也体现了名人迷恋症的另一方面。我们可以看看那些男性访客居多的名人网站，比如 *Egotastic.com* 和 *Propeller.com*。

如果你访问 Egotistic 网站的话，你可以清楚地看到该网站与一般的名人网站最大不同在于它似乎专门发布女星的挑逗图片。为了证实我的猜测，我们可以看看互联网用户链接该网站的搜索词，无一例外的都跟挑逗性的视频和图片有关。对于这种男性痴迷于女性图像的现象，在搜索数据中显露无疑。我在该领域的第一发现就与图片、性别差异和交友网站有所关联。2005 年年初，我们创建了一个 10 大交友网站的数据库，并对每个网站的内容作了记录。如注册过程需要多久，加入并成为一个会员需要多少费用，配对的调查过程有多长，最后是否允许网站访客免费看到将要约会对象的照片（反之则要求成为会员之后才能浏览个人资料）。

我们发现，如果网站的费用越高，登记和调查的过程越长，就越可能吸引到更多的女性访客；如果一个网站的男性访客居多，那么其中最可能的原因就是，在注册或加入该网站前允许浏览网站的照片。

如果我们查寻以女性访客居多的名人网站，搜索名单上就会清晰地显示出一些八卦新闻的名人博客，像 *Justjared.buzznet.com*，*Bossip.com*，当然还有 *Perezhilton.com*。但是什么吸引着女性来搜索男性偶像呢？像乔治·克鲁尼（George Clooney）、马修·麦康纳（Matthew McConaughey）这样的明星，人们并不是要搜索他们的图片或者视频，而是想了解他们的生活，尤其当他们传出已婚或恋爱的消息之后。例如，截至 1 月 12 日的 4 周里，搜索含有“乔治·克鲁尼”的关键词主要包括“乔治·克鲁尼的女朋友”,“乔治·克鲁尼结婚了吗”或“乔治·克鲁尼独踏红毯”，这主要是因为克鲁尼没有携女友莎拉·拉尔森（Sarah Larson）公开露面的关系。

然而就凭这些搜索，就能证明人们对明星私生活或诸如此类的事情更着迷吗？搜索同样走红的女星，如詹妮佛·安尼斯顿（Jennifer Anniston），安吉莉娜·朱莉（Angelina Jolie）和杰西卡·贝尔（Jessica Bie），与男星们不同的是，在查询包含女星的词条中并没有特别提及她们的婚姻或恋爱状况。

在名人崇拜的第二种类型中，对于处于这一阶段的人如何幻想自己与名人有某种联系，贺朗进行了详细的描述。如果女性对着他们最喜爱的男星做白日梦，注意是白日做梦，那么乔治·克鲁尼是已婚或是单身（毕竟这是一个幻想）有那么重要吗？大量的搜索词也表明，或许有些女性网迷想让这种幻想更进一步，但只要能让她们内心满足就够了。当问到你都登录哪些名人八卦网站，那么这个问题的答案最有可能取决于你的年龄、家庭收入，你住在市区、郊区还是农村。假如你处于 25 ~ 34 岁之间，生活在大都市，你最有可能访问的是 *PerezHilton.com*。

像 *Perezhilton.com*、*TMZ.com* 这类博客，满足了人们的另一种嗜好——对名人身边的负面新闻的津津乐道。无论是帕丽斯·希尔顿三进三出的监禁史，还是时下当红童星酗酒、吸毒或怀孕的堕落事，亦或谁抛弃了谁这样的小道新闻，名人博客已经成为全民检索的代名词。

佩雷斯·希尔顿（Perez Hilton）只是一个笔名，其原名为玛里奥·拉凡德拉 (Mario Lavandeira)，生于迈阿密佛罗里达州，是一个古巴移民的儿子。进入演艺圈后，玛里奥开始关注八卦新闻。2004 年他创办了 *blog pagesixsixsix.com* 就是后来的 *perezhilton.com*〔据《问男人》（*Ask Men*）杂志所述，佩雷斯·希尔顿迫于《纽约邮报》（*New York Post*）的压力把他的博客改名为 *Perez Hilton.com*。——译者注〕。对该网站最贴切的形容应该是名人八卦新闻和照片的集中营，其中不乏被希尔顿恶意修改过的名人照片的涂鸦，如用涂改液画出的可卡因残留物和身体的排泄物。虽然媒体认为即使是那些热衷八卦的影迷也同好莱坞一样，对佩雷斯·希尔顿恨之入骨，但搜索数据告诉我们的情况却截然不同。看看那些与他相关的搜索词，很明显人们正在寻找佩雷斯关于名人丑闻的最新报道。

佩雷斯·希尔顿这个名头就足以使他成为后起之秀，号称是网上最受欢迎的博客 [我们所统计的网站访问量，不包括通过独立的浏览器，即简易新闻聚合（RSS）所产生的访问量。自推出他的网站以来，佩雷斯网站已经赶超了全美排名前 500 家网站的访问量。他也成为娱乐人物类中搜索量最高的名人，甚至超过了欧普拉·温芙瑞（Oprah Winfrey）、霍华德·斯特恩（Howard Stern）、麦莉·赛勒斯（Miley Cyrus）和金·卡达施安（Kim Kardashian）（因性爱录像备受关注）]。

佩雷斯·希尔顿网站的访客多是年轻人（18 ～ 24 岁访客占访问者总量的 35%），其中女性占 74%，富人（年家庭收入超过 15 万美元）占 33%。与悼念安娜·妮可的访客相比，登录佩雷斯·希尔顿网站的人完全属于另一个群体。他们主要来自于克拉瑞塔斯 PRIZM 体系分类中的最富裕的城市群，属于都市住宅区型，此类群体多数受过大学教育，多光顾艺术品、高级的专卖店并追求进口的奢侈品。

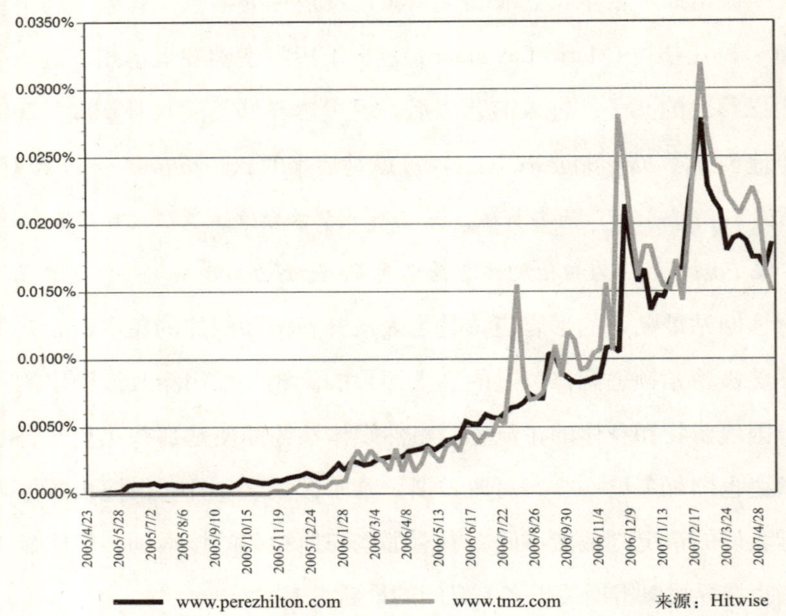

图 5-2 www.perezhilton.com 与 www.tmz.com 所占市场份额对比

富有的城市居民并不是名人八卦的唯一访客。如果你是个住在郊区或者农村的年轻人，那么 TMZ 更适合你的口味。TMZ 为“30 英里区”的缩写，也用来形容好莱坞的中心，即比佛利大道（Beverly Boulevard）和拉·谢纳加大道（La cienega）交叉口为中心点，向外扩张方圆 30 英里以内的片场。TMZ 是 Telepictures Productions 电影公司 [代表作如艾伦·德杰尼勒斯（Ellen DeGeneres）脱口秀，Extra 和人民法院] 和美国在线的合作伙伴，与佩雷斯·希尔顿网站并驾齐驱，最终取而代之，成为访问量最大的名人博客站点。*PerezHilton.com* 和 TMZ 代表着名人博客的顶点。循此而下，我们就会发现很多名人网站都会迎合某些特殊人群的口味。如果你是一个生活在富裕地区的年轻人，相对农村地区的同龄人你更可能访问 *bossip.com* 网站；如果你住在郊区，可能 *hollywoodgossip.com* 网站更符合你的风格；如果你是市区底层专业人士，那么 Gawker 网站更适合你。

如果贺朗的判断无误的话，即信息量的增长可以让我们有更多的机会了解自己喜爱的明星，那么大量出现的名人博客则意味着我们与明星之间有了更多的交流，同样也意味着我们距“名人症侯群”更近了一步。

脱口秀女王如何成功操作她的网络红人形象

然而，对一些人来说，名人具有某种特殊的魅力。她接下来会怎么办？她会与他分手吗？谁将会在听证会上得到孩子的监护权？对大多数人来讲，名人在主导着我们该买什么，不管你是消费者还是销售商，其实都一样。记忆中除了名人没有谁还具有这种号召力。

无论你想推出的是美容产品，一本新书，甚至是最新型的庞蒂克跑车，只要一个下午，脱口秀节目主持人就能把你的最新小说推进畅销榜单，甚至能帮你创建自己的节目。当然，最牛的名人代言人非欧普拉·温芙瑞莫属。欧普拉本身已成为一种网络爆红现象〔internet phenomenon，网络爆红现象又称“网络弥因”(Internet meme)。——译者注〕，在过去 3 年里，她几乎无一例外的一直位居名人搜索的榜首。

互联网的影响力甚至超越了她本人、产品和机构。在成为最受欢迎的脱口秀主持人以来，欧普拉首次决定支持总统竞选。欧普拉在《拉里·金现场秀》(*Larry King Live show*) 直播节目中宣布，她支持巴拉克·奥巴马。她曾邀请奥巴马在她的脱口秀节目中讨论他的政治观点，结果在他出现的那期节目后的短短一周里，他的个人网站的访问量就不可思议地增加了358%。虽然我们可能对欧普拉秀的观众没有一个准确的定位，但我们可以确定无疑的是，这些人中当然少不了登录欧普拉官方网站的欧普拉粉丝们。

毫无疑问，欧普拉的崇拜者大多是女性，确切地说有72.8%是女性。她在网上的粉丝年龄也略微偏大，66.4%的人都在35岁以上。根据区域范围划分，超过35%的访客都来自强有力的选区，如加利福尼亚、伊利诺伊、纽约、得克萨斯和佛罗里达。

很明显，欧普拉非常具备造星能力。无论是健身大师鲍勃·格林（Bob Greene），或者名厨雷切尔·雷（Rachel Ray），还是像菲尔博士（Dr. Phil）那样家喻户晓的心理学家，她都可以用她对大量观众的影响力来为其造势，影响公众舆论，甚至取得政治上的成功。而这种对她疯狂着迷的现象，恰恰证明了吉姆·贺朗所谓的名人崇拜综合征。你可能会认为，我们对名人的崇拜只不过是一种微不足道的娱乐表现。正如我们将在下一章所谈到的那样，名人崇拜甚至可以影响热门政治问题的立场，甚至左右政党候选人的选票。但是名人能左右总统选举的结果吗？透过网络数据，你可能会略知一二。

搜出你的喜怒哀乐

What Are You Afraid Of? and Other Telling Questions

人们最有可能被什么事情吓到？

有哪些问题是我们想问却问不出口的？

年轻男孩的搜索偏好有哪些？

如何找女朋友，如何调情，如何接吻还是如何做爱？

为什么对包含有“why”的搜索都集中在春季和秋季？

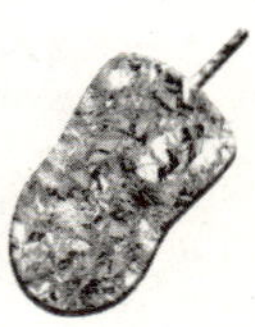

你在害怕什么？这是个简单的问题，但是回答起来并非易事，因为答案可能取决于提问的人，或是你当时所处的环境。试想一下，你正和朋友们在饮水机旁聊天，或是正在喝着鸡尾酒，这时突然提出这个话题，你会怎么回答？你的反应可能就和美国国立共病率研究（National Comorbidity Survey）（在美国超过 8 000 名受访者参与的一项研究）的结果一样。在这项研究中，受访者接受了关于什么让他们恐惧的调查，下面的这张榜单就是人们所普遍恐惧的事物前 9 名：

1. 臭虫、老鼠、蛇和蝙蝠（Bugs，mice，snakes，and bats）
2. 高处（Heights）
3. 水（water）
4. 公共交通工具（Public transportation）
5. 风暴（Storms）
6. 封闭空间（Closed spaces）
7. 隧道及桥梁（Tunnels and bridges）
8. 拥挤（Crowds）
9. 在公共场合讲话（Speaking in public）

然而，即使是匿名的电话调查，我们所承认的这些恐惧到底有没有水分呢？又有多少是真的呢？难道我们就不怕别人根据我们的恐惧来判断我们，认为我们是软弱或另类的吗？

我回到旧金山 Hitwise 的办公室，坐在我的分析师之一——黎安·普雷斯科特（LeeAnn Prescott）的办公室地板上。我们具体地讨论了如何利用搜索词条作为解决问题的关键方法，去理解社会的集体意识。我们想到，将数据库（数以百万的独立搜索）里的所有搜索分类处理，用那些含有“为什么”的查询去理解我们找寻原因的事情，用含有“如何”的查询去理解我们想要了解的事情。

“恐惧”背后的真实世界

我记不得是谁想到的这个主意，但它的确棒极了！我顺着这个思路提出了一个想法，那就是寻找所有包含“恐惧”一词的搜索词条，将其作为理解我们恐惧的一个入口，并可以将恐惧分类。而这种想法的前提就是，会有一些人通过搜索引擎和网络来了解我们的恐惧。

我走近黎安的办公桌，以便能看到我们所调查的结果。我们统计了所有包含“恐惧”一词的搜索词条，希望有一些词条概括了我们最普遍的恐惧。然而系统在 4 周内统计到了 1 686 个含有“恐惧”的独立搜索，这令我非常震惊。我快速地浏览了一下名单，发现以下两点非常突出：⑴我们搜索到有关恐惧的排名与美国国立共病率研究的结果并不一致；⑵我们搜索到的恐惧内容是非常独特的、具体的，甚至在某种程度上是非常奇怪的。

创建最热门的恐惧排行榜的首要任务，就是要过滤掉那些并不恐惧的“恐惧问题”。我的顶端恐惧心理榜单上的第一项任务是过滤掉这些非恐惧的“恐惧问题”，毕竟“恐惧”这个词在很多地方都会出现，比如歌词，或者像是搜索“在火焰的3月前恐惧”，它是指科罗拉多州欧若拉市的实验摇滚乐队，或是像提供咨询或定义查询的词条，比如“恐惧的定义”，当然还有像“女孩的恐惧因素”这样的搜索。删除这些明显对理解恐惧无关的词条后，还有远远超过1 000种不同的词条等着我们分析呢。

然而有一些词条并不太容易分类，根本就说不清它们是真的恐惧，还是只是好奇。对恐惧的第二大搜索竟是“长单词恐惧症”。如果你要搜索这个词条，搜索名单上就会出现描述恐惧一词的正式拉丁文 Hippopotomonstrosesquippedalio（实际上，描述恐惧一词的拉丁文术语是 Sesquipedalophobia）。

我们很可能只是通过这个词来找乐，竟然有人想出了这么长的词来描述对长单词的恐惧，但我们必须承认，这种恐惧，并不是应该作为我们最常见的恐惧名单的第二名出现。

有趣的是，当我们想要解释这种现象时，有好几个网站都提出能治疗这种恐惧，声称有一个“管理委员会认证（board-certified）的团队，专门帮助人们克服各种各样的害怕、焦虑和恐惧症，而且还特别提出来能医治对长单词的恐惧。”然而只要进一步去浏览这些网站就能很清楚地发现，这个网站的所有者自如地利用文字处理器的查找和替换功能，对每一个能够想象到的恐惧都建立一个相同的模板文章。

过滤了所有的“恐惧”词条后，我们终于拟出了一个“恐惧”排行榜。然而，这个榜单并不是由直接问“你害怕什么”得到的，而是通过观察我们在搜索引擎里所输入的词条，从而得出了我们想要了解的恐惧类型。完全不同与那些对评判我们感到无能为力的朋友、亲戚或治疗专家们。

以下是含有“恐惧”一词搜索的前10名：

1. 飞行（Flying）

2. 高处（Heights）

3. 小丑(或电影《恐怖小丑》) [Clowns(which may also refer to the movie *Fear of Clowns*)]

4. 亲密行为（Intimacy）

5. 死亡（Death）

6. 拒绝（Rejection）

7. 人们（People）

8. 蛇（Snakes）

9. 成功（Success）

10. 驾驶（Driving）

与美国国立共病率研究的社交恐惧相比，这两个榜单的一个最为显著的差异就是，在美国国立共病率研究的榜单中，只有一个与社交有关的恐惧，即排名第 9 的害怕“在公共场合讲话”，在我们的名单中却有 4 个类似的搜索——害怕“亲密行为”、“拒绝”、“人们”和害怕“成功”。心理学家把我们的恐惧词条进行了具体的分类，分为社交的恐惧或我们与他人交往的恐惧，以及一些比较具体的恐惧，比如说恐高，或者对蜘蛛、公共交通工具的恐惧。

那么，这里就出现了一个问题，与之前的调查相比，为什么人们对恐惧的搜索模式更能突显出人们对社交的恐惧呢？据估计有 1 500 万美国人，也就是将近美国民众（18 岁以上）的 6.8%，都患有某种形式的社交焦虑征。但如果这些数字统计是以一项调查为基础的话，它完全有可能低估了备受社交恐惧困扰的人数。根据国家心理健康研究所（National Institute of Mental Health）的标准，社交恐惧症的定义为：“社交焦虑失协症的特点是在日常的社交情况下，所产生的强烈的焦虑以及过度的自我意识。社交恐惧症可以仅限于一种情况，如害怕在正式或非正式的场合中发言，在他人面前用餐，或者更为广义的说，即它最严重的形式，就是一个人在他人周围几乎任何时刻的所感受到的症状。”

如果这些社交恐惧症的特点是过度自我意识，那这样的人又怎么会将这种恐惧通过调查来反映出来呢？难道这不恰恰就是我们在前面所讨论的认知失调吗？但如果将谈话对象从调查中去除，换上一个非判断性的方式的话，那我们就能够获得大量的资料，而这些搜索资料可能会帮助我们解答更真实的社交恐惧问题。

我旅行时经常会随身携带一些搜索榜单，在坐长途飞机时，更会通过看这些榜单来打发时间。而对“恐惧”的搜索名单，是最具趣味性和启发性的榜单之一。在排名前100位的搜索中，有20位是关于某种形式的社交恐惧。但是如果你再看看1 000位之后有关恐惧的搜索内容，你就会发现，对恐惧的重复性最高的搜索主要集中在以下两者：害怕承诺和害怕孤独。

或许这些搜索还没达到医疗上所说的忧虑症那种程度，但如果这种搜索模式是某种迹象的话，那它是否显示，这两个相矛盾的想法也是大多数人的想法？因为我们并没有直接问人们害怕什么，所以在这两个相互矛盾的恐惧中，我们有很多解释可供选择。其中一种可能性是，就像那些“害怕亲密”和“害怕承诺”的社交恐惧的一样，它们确实是某些人的“死穴”，比如对那些处于麻烦的关系中比较重要的一方来说。

对社交的“恐惧”搜索的前15名：

1. 亲密行为（Intimacy）

2. 拒绝（Rejection）

3 . 人们 (People)

4 . 成功 (Success)

5 . 拥挤 (Crowds)

6 . 失败 (Failure)

7 . 性 (Sex)

8 . 承诺 (Commitment)

9 . 在公众场合讲话 (Public speaking)

10 . 孤独 (Being alone)

11 . 爱 (Love)

12 . 女孩 (Girls)

13 . 堕入爱河 (Falling in love)

14 . 放弃 (Abandonment)

15 . 伤心 (Broken heart)

然而，在此可能还会存在一些更意味深长的搜索。很明显，与社会调查所显示的结果相比，在网上对社交恐惧的搜索更多、更频繁。恐惧排名的差异可以显示，社会调查的回答没有真正地反映出我们的恐惧，但将背景换成互联网就大不相同了，通过上网搜索我们甚至可以加重我们的恐惧。人们之所以选择去查询搜索引擎，而不是跟朋友、亲戚或健康专家去谈论自己的恐惧。也就是说，在这件事上，与其和他人交谈，倒不如和系统交谈来得轻松舒适。如果我们再深究恐惧的奇异世界的话，那问题就更严重了。

具体的恐惧心理完全不同与社交恐惧症，它真实地表现出我们更为具体的担心害怕的独特性。据估计，在年龄超过 18 岁的美国人中，共有超过 1 800 万的人患有具体的恐惧症，超过美国总人口的 8.7%。具体的恐惧症包括几种特定的类型，分别是动物恐惧症（出现在榜单末尾的蜘蛛、老鼠、兔宝宝），情境恐惧症（飞行、隧道、桥梁），环境恐惧症（暴风雨，高处）以及对其他事物的恐惧，那些还真是非常有趣的类型。当我辛苦地读完 1 600 种不同的“恐惧的查询”后，我很惊讶于这些恐惧的独特性。在这一长串关于恐惧的搜索名单中，以害怕孤独为榜首的社交恐惧类占据了榜单的前几名，而榜单的后几名则列举了各种各样的具体的恐惧类型。

像过去比较常见的恐惧，如害怕飞行、怕蛇和小丑等，都显示了一些我们真正荒诞的具体恐惧类型。除了由心理健康专家们发明的存在论外，我也为这些怪癖进行了分组，并按人气进行了排名。在名单中，多次出现了对不同的身体部位的恐惧，从并非完全少有的害怕被“摸脖子”，到害怕被摸头发、牙齿、皮肤，甚至更独特的害怕被摸手肘、脚、肚脐，更绝的是害怕被摸“肚脐绒毛”，有可能是人气更旺的“对尘埃的恐惧”的延伸 。

通过我们的网络调查也可以看出我们社会的孤立性，我们也害怕不同的文化，这种恐惧介于社交恐惧与具体恐惧之间。与社交有关的恐惧搜索就包括对异国文化的查询，如“害怕德国的东西”、“害怕法国人”、“害怕墨西哥人”和“害怕中国文化”等。如果让我猜的话，我想，对学科的恐惧应该属于那些上学的学生们，他们会把“恐惧数学”排在榜首，紧接着是“恐惧生物”和“恐惧物理”。如果要说具体对哪个理论感到恐惧的话，答案有可能是“恐惧相对论”。虽然我以前没有想到我会担心爱因斯坦的理论，但像“时间膨胀”这样的术语 ，想必会让很多人像我一样感到不安。

最后还有一些恐惧是不属于以上任何类型的，比如说重叠出现的“害怕恐惧”，也称为恐恐惧症。难道说我们当中有些人已经如此脆弱，以致于患上了一种恐惧症，其症状就是害怕恐惧本身？

我努力地想搞清楚这些位于名单末尾的古怪担忧，它们的依据到底是什么呢？对这些具体的恐惧心理来说，产生的常见原因主要包括过去痛苦的经历，或是一种习得的反应。而对数字13的恐惧就更容易理解了，可能由于这一数字所带有的迷信含义，而一个过去的痛苦经历，或是一种习得的反应，会造成有人“担心英文大写字母”或“恐惧奇数”。

由于收集了大量的关于恐惧的搜索，令人欣慰的是我发现许多人都有各自害怕的事物，有的恐惧有情可原，有的似乎就没那么合情合理了。然而，对未知事物的恐惧却没有出现在这个榜单里。如果考虑到最热门的一个查询是以“如何”开头的话，你就会发现这是多么有趣了。或许是由于网上信息爆炸的缘故，已知与未知的比例已急速下滑了。

“贴”出内心的秘密

从我们对恐惧的搜索的扩展来看，自白网的出现似乎能证明网络有可能成为我们的知心好友。该类网站的出现要归功于畅销书《贴出秘密》（*Post Secret*）的作者弗兰克·沃伦（Frank Warren），他将匿名明信片上的自白进行整理，集结成书。

这个作为一项艺术课题的概念始于2004年，最后竟然成为了畅销书，并最终在2005年成立了以自白为特色的网站（*Website postsecret.blogspot.com* 网站已经时断时续地允许递交意见，最后特地从网站中划分出另一个区域——公开的秘密社区。——译者注）。按照互联网的传统，已有几个热门的网站丰富了网上匿名的自白内容，比如围绕社会网络结构所建立的经验课题网。

现在，网络用户不仅可以在网上匿名提交他们内心最深处最隐密的秘密，而且还可以从有相似秘密的网友那得到意见和反馈。一些自白网站专门讨论具体的困境或人生阶段。例如 *truemomconfessions.com* 就是一个专门解决母亲烦恼的匿名自白网。

> 该网站的标题便是“承认吧，妈妈不易做”。仔细浏览这个网站，你就会发现类似这样的自述，“我爱我的孩子。我喜欢做妈妈，给孩子擦屁股，煮孩子爱吃的饭菜。不过，我今天真的不喜欢我的孩子。”或像“我曾经不止一次地向上帝祈祷，让我只生一个就好。”该网站的创建者还设立了其他的自白网站，比如真实的办公室自白，真实的爸爸自白和真实的新娘自白。

如果我们对这类网站的访客进行统计分析，就不难发现，这些被认为出现较早的在线自白网站，却吸引了许多早期受用者。这些访客多半为女性（70%），均生活在城市近郊的富裕家庭。非常重要的是，这些网站还为我们提供了一个窗口，可以观察到相当于网上的紫藤巷（Wysteria Lane）〔ABC 电视台的热门剧集《绝望主妇》（*Desperate Housewives*）中的一条虚构的街道。——译者注〕。

如果我们观察一下这些自白网上的集体行为，以及在搜索引擎中输入的自白词条，我们就会准确无误地看到我们在担心什么了。在互联网上，由于网络的匿名性，我们可以退出人们的视线，就像在包罗万象的自白声中得到掩护一样，我们在这里可以毫无顾虑的承认和坦白，而换作平常我们根本不可能将这些秘密告与他人。这类对人们状态的观察视角并没有局限于我们害怕什么，或者我们觉得有必要承认什么。

通过观察“如何”的搜索行为，我们还得到了另一种测量网络数据的方法，它能告诉我们人们想要了解的到底是什么。就在去年，我也面临了一场恐惧——害怕在一个很具体的工作中遭遇失败。

《时代》杂志在线专栏的主编刚刚给我打过电话。看了我的博客上关于网络数据的帖子，然后又与我的同事了解了情况之后，专栏编辑乔希 (Josh) 想知道我是否有兴趣写每周的专栏。当然！我当然想写！但等等，还有一个很关键的问题，我充其量是一个业余作家，从未在新闻培训班上过课，显然不是一个职业作家，而且我也从来没写过专栏。《时代》作为全美最广为人知的著名期刊之一，想要邀请我为其撰写专栏，还如此轻描淡写地问我是否感兴趣。我告诉乔希，我非常愿意接受这项工作，然而就在挂上电话之后，我本能地打开 Google，在搜索空格中不假思索地输入几个大字——如何撰写杂志专栏。

搜索“How”，捕捉网民在线行为模式

搜索引擎所能提供的服务已经远远超越查找资料或链接网站了。随着搜索引擎数目的日益增多，像 Google、Yahoo！搜索，以及其他 1 000 多家各式各样的搜索网站，都可以为你提供知识和学习的资料。我与分析团队围坐在一起，共同探讨着关于“恐惧”的问题，我们也共同讨论着另一个有趣的搜索短语。当“如何”这一查询浮出水面时，我们都被它出人意料的搜索量震惊了。关于“如何”的查询几乎占据了全美查询量的 3%，成为了最常见的搜索问题之一。“如何”的搜索也有季节性规律，通常搜索量多集中在夏季，而随后会在春假和寒假时有所下降。也许 3% 听起来并不像一个很大的搜索数量，但如果考虑到搜索引擎上每天数以百万的查询，你就能想象到 3% 是一个多么令人吃惊的数字。

我真的很喜欢分析搜索列表，从中找出人们在网上的行为模式，但这都是在面对这份超过 13 万的“如何”搜索列表之前的感觉，Hitwise 在 4 周内就得到了一份这么大的搜索名单，这个任务似乎无从下手。我从名单的顶部开始着手。含有“如何”一词的搜索榜榜首，在过去两年始终保持这一位置的问题竟是“如何系领带”。在所有的问题中这个问题看起来有些奇怪，难道系领带真的是出现最多的搜索吗？而我最初的反应是：这只是一个美国现象吗？在与英国数据库对比后发现，在英国的榜单中，“如何系领带”位于第 51 名。在澳大利亚，“如何系领带”与美国的情况十分接近，紧随“如何投票”和“如何写简历”之后 。

在搜索会议上我经常会被问及这样的问题：不同国家的网民会进行不同的搜索吗？当然了。有时这种差异只简单的表现在方言上。例如在美国，我们更有可能查询航空公司的“机票”，而在英国则普遍搜索“航班”。有时这种差异表现在文化上，以领带为例。

> 我们如何解释美国的第 1 名与英国的第 51 名之间的差异呢？我的假设就是，由于大部分的英国学生的校服都配有领带，所以人们都能够正确地系领带，这就像第二天性一样，无需教授。而在美国，系领带已成为出席特别场合的一项指定技能，很可能还需要重新学习。事实上，如果我们为不同时期对“系领带”的查询模式绘制图表的话，我们就会发现，在夏季出现的查询量大幅度激增应该正符合婚礼旺季这一时期。

在“如何系领带”之后的搜索词条也非常有趣。让我们来看看这些搜索词条，“如何接吻”、“如何做爱”及“如何亲热”等，这些最热门的“如何”似乎都出自对性心存好奇的青少年（只是基于搜索语言和主题的猜测)。看看这些受荷尔蒙刺激的搜索词条，我真想知道青少年上网之前都做过什么？在我的记忆中，我年少时基本上都是很笨拙的摸索与异性的相处之道，因为觉得太尴尬了，所以从未和朋友或家人讨论这些敏感问题。相比之下，今天的青少年则通过搜索引擎，把互联网视作为一个无所不能的“如何”指南。我们再来看看排名20以后的搜索词条，可以发现，似乎年轻的男孩更爱去搜索那些关于如何做爱的问题，同时还伴随着大量类似于“如何找到女朋友”，“如何与女孩调情”等此类具体解析女性的问题。

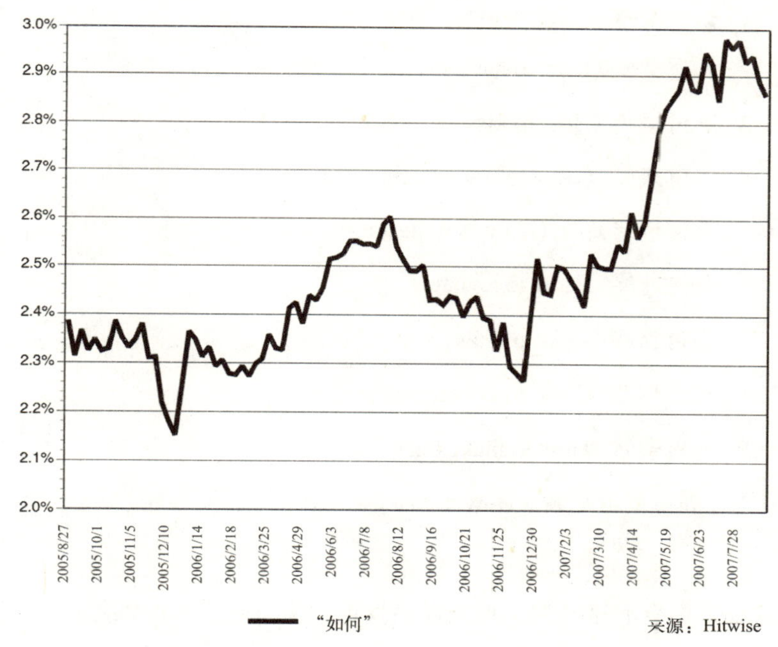

图6-1　对“如何”的搜索幅度

难道互联网已经为男女之间设立了一个自由的娱乐平台吗？女性更容易与她们的女性朋友们分享彼此的性经验。男人则不然，但他们可以在网上交流。那这是不是就意味着男女之间的信息对称了呢？互联网的出现，为青少年们提供了一种信息来源，可以帮助他们解决关于异性与性关系的疑难杂症，这也使男孩和女孩的知识量相对平衡。同样还是基于搜索的匿名性与非道德判断性使尴尬免于发生，搜索引擎为平等的两性之间提供了平衡的知识。通过网络来搞清楚如何做某些事情，已经成为越来越普遍的行为了。自 2007 年初，有关“如何”的查询就开始上升，上升率超过了 17.5% 。

全美包含“如何”一词的搜索前 10 名（为期 4 周，截至 2007 年 7 月 21 日）：

1 . 如何系领带（How to tie a tie）

2 . 如何做爱（How to have sex）

3 . 如何接吻（How to kiss）

4 . 如何减肥（How to lose weight）

5 . 如何撰写简历（How to write a resume）

6 . 如何悬浮（How to levitate）

7 . 如何画画（How to draw）

8 . 如何怀孕（How to get pregnant）

9 . 如何亲热（How to make out）

10 . 如何使用视频（How to make a video）

如果你查看这些搜索词条就会发现：除了青少年的性焦虑之外，还有一点也非常明显，就像我们多种多样的恐惧搜索一样，我们对解决疑难的搜索也互不相同。为了弄清这张包含 13 余万各式搜索的清单，我将前 1 000 名对“如何”的搜索进行分类处理。有关“如何”的搜索最普遍的一种是关于我们如何做成一件事的常识性问题，其中包括之前提过的第 1 名的问题——“如何系领带”，还有“如何制作一部电影”，“如何解魔方”等。在这类查询中有一项特别突出，那就是“如何画画”，尤其是如何画日本动画人物，这类查询最为广泛。总体来看，常识性的问题在前 1 000 名的查询中所占份额超过了 57%。

接下来最常见的问题全都与性有关。对这一搜索的数量图您尽可以自己想象。此类搜索在前 1 000 名排行中有 173 项，占总体的 17.3%。有关“如何”的搜索也显示了我们的强烈愿望。在指导类搜索中，有 12% 的问题关于如何自我完善，比如如何“减肥”、“变胖”、“赚钱”，以及那些真的想迅速实现的搜索，比如如何才能“赚快钱”。当然也存在对不正当行为的搜索，对非法或违法活动的搜索超过了总体的 9.5%，大麻在榜单上居于高位（“如何种植大麻”、“种大麻”、“种烟草”），但也有一些非常令人担忧的问题，如“如何自杀”，“如何使用兴奋剂”，甚至还有“如何制造炸弹”。看来无论我们上网查询什么，我们都显然无所顾忌、无忧无虑。顺便值得一提的是，“如何写一本书”排名第 62 位。

搜索“Why”，探究网民心

搜索引擎成为寻找各种信息的重要来源，从帮忙找出一个难以定位的电脑零件、书籍，到寻找长期失去联络的朋友，甚至是查询由消费者所产生的大量信息。就像我们刚刚讨论的恐惧话题一样，我们也是求助于搜索引擎去了解人们的恐惧，去了解如何完成一项任务，但有时我们对问题会更加追根究底。有时我们只是想知道为什么。

如果仔细查看这些包含“为什么”一词的搜索模式，就会发现，这些搜索显示出了一个与学年强烈相关的季节性模式，大量的搜索都集中在春季和秋季这几个月里，而在暑假期间以及圣诞和新年的这一周，搜索量则下跌了 60%。这很明显地说明，搜索该词条的相当一部分人是在校学生。事实上，一些最常见的有关“为什么”的查询（超过所有的网上查询的 0.5%）都来自学校的课程。而任何有关放假的问题都会在网上体现出来。比如在 11 月，一些最常用的“为什么”的搜索就包括“为什么我们要庆祝退伍军人日”和“为什么我们要过感恩节”等。再看看其他月份对“为什么”的查询，就会发现，它们都是在问为什么要过最近的这个节日。

看来，有些问题似乎能体现出某些学生对教育的厌倦，比如像“为什么我要上学”和“为什么需要上学”除了这类比较常见的问题之外，还有一些问题你一看就能猜到是充满好奇的孩子问的，像是“为什么天空是蓝色的”，这个问题连续两年一直位于“为什么”的查询榜首 [除了布兰妮 · 斯皮尔斯（Britney Spears）剃光头的那个月，关于她的“为什么”的查询急剧上升]。

我仔细研究这张榜单，对我们在短短的 4 周内所收集到的、数量超过 2 万份的关于“为什么”的查询进行分析，查询内容从有关学校课程的简单问题，逐渐上升到更为复杂的、更富深意的问题上来。在前 1 000 名有关“为什么”的查询中，始终贯穿着一个主题，那就是我们与他人之间的关系。其中有一长串的问题，比如“他为什么要离开我”和“她为什么没有说再见”，都显示了我们当中有些人对人际关系如此困扰，以至于绝望地求助于计算机服务器，由算法和指标所形成的搜索引擎，以便找出我们人际关系失败的症结所在。为了看看搜索此类问题的人会采用哪种回答，我也在 Google 上搜索了一下“他为什么要离开我”。然而，答案全是从建议专栏摘抄的，还有一条已付费的催眠广告，它的建议是“用催眠术控制男人，这些秘密可以打开男人的心扉。”

继续看这张榜单，除了之前所说的指导性问题，以及像“为什么猫喵喵叫”的问题之外，问题的内容越来越深刻，具有反思性和哲理性，我们问到了事情由何产生，以及我们自身的信仰和存在。在这些查询里宗教问题占有很大的比重。然而不同的宗教信仰也存在着不同的相关查询。比如说，有关天主教的大多数“为什么”的搜索，都是想要了解一些有关宗教的习俗和惯例，例如“为什么天主教徒向玛丽（Mary）祈祷”，“为什么天主教徒要用玫瑰念珠祈祷”或“为什么天主教徒使用圣水 ”。

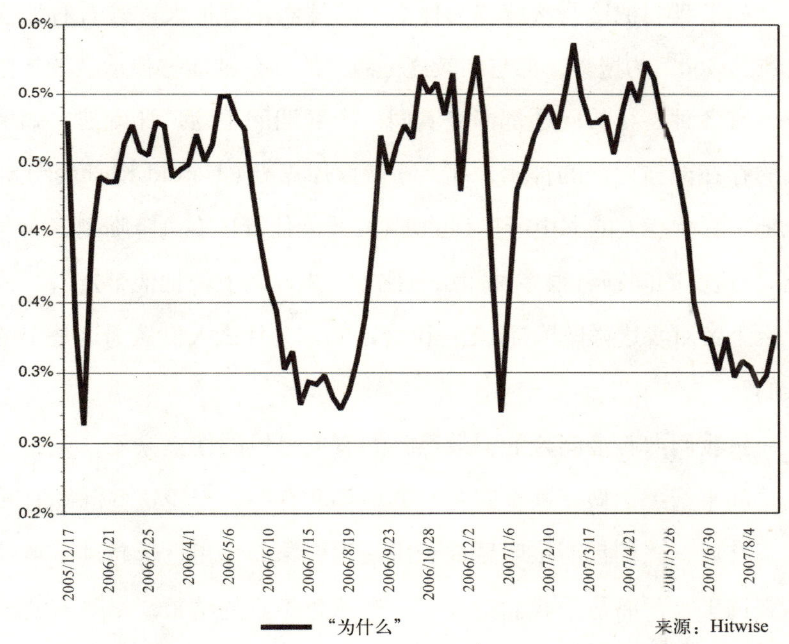

图 6-2　对“为什么”的搜索幅度

而围绕基督教的查询则更加关注仇恨。从两方面来看，他们既查询基督徒之所以会仇恨的原因，比如“为什么基督徒仇恨无神论者”，又查询其相对面，“为什么基督徒被仇视”而围绕穆斯林教派的查询与仇恨也有些关联，比如“为什么穆斯林仇恨西方”。但像有关天主教的查询一样，围绕穆斯林教派的大多数搜索也都是想要理解其宗教习俗，比如“为什么穆斯林不能吃猪肉”，“为什么穆斯林妇女戴面纱”。而关于犹太教的“为什么”查询则与其他宗教都有所不同，这些查询并不涉及教义和宗教习惯。对犹太教的大多数搜索（以及为什么对犹太教或犹太教徒的查询成为所有宗教派别中最热门的搜索）都与大屠杀和迫害犹太人有关，比如“为什么希特勒杀害犹太人”，“为什么纳粹迫害犹太人”和“为什么希特勒仇恨犹太人”。

如果我们把这些含有“为什么”的搜索范围扩大，去看看那些含有“God”的搜索，那与宗教这一概念的斗争则能够揭示宗教其自身。有各种各样的问题都围绕着同一个鲜明的主题，那就是，如果真的存在至高无上的神明，那么，就像库席勒（Harold Kushner）在他那本影响巨大的书中所提到的那样，“为什么坏事会降临到好人身上”。这类的问题有很多种问法，比如“为什么上帝把他带走”，“为什么上帝对我这样做”，而无神论者则问“为什么人们认为这是上帝做的”。

从我们内心最深藏的、最黑暗的有关恐惧的搜索来看，无论人们是问事情怎么做，甚至问我们的信仰和存在，无论这些问题有多么不合理，我们都能很明显地看出搜索引擎的作用远远超过了单纯的查询工具，而是给我们带来了一个意想不到的结果。尽管有其局限性，但搜索引擎已经成为我们的指导老师、信心来源和自白的忠实听众。

第7章 Web2.0的长尾时代

Web Who.0

"后舍男生"如何通过网络假唱成为摩托罗拉中国地区代言人？
为什么毫无经济利益驱使，有人愿意花时间撰写维基百科？
为什么酒店五星级AAA等级都不及网上几条评论来得实在呢？
YouTube、Flickr和维基百科的访客存在哪些差异？

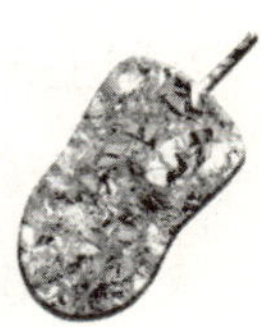

对任何试图定义 Web2.0 的人来说，这项工作都是个挑战。2006 年，我与皮尤互联网集团 (Pew Internet Group) 合作撰写了一份文件。我对 Web 2.0 的了解来自朋友寄来的一封电子邮件，他让我观看了 Google 视频搜索服务里的一段业余视频剪辑。这段视频播的是两个中国广州某艺术学院的中国男孩假唱后街男孩的《我喜欢这样的方式》（*I Want it that Way*），夸张的面部表情，协调一致的动作和背景画面中一个无动于衷的人，所有这些因素结合在一起，使得这段视频异常搞笑。

虽然他们与我相隔万里，但这两个男孩极尽搞怪的动作实在让我忍俊不禁。那天我也不由自主地将这个链接发给了我的几个朋友。不久后，这两个男孩就以“后舍男生”（Back Dorm Boys）的身份在互联网上火速窜红。他们之中小个的叫韦炜，大个的叫黄艺馨，两人已经获得了过百万的点击量。这两个学生从简单的假唱视频中不断积累人气，最终签约成为摩托罗拉中国地区的代言人。虽然像病毒一样散播的内容对 Web 2.0 来说并不陌生，但病毒式的营销对于较早的 Web 1.0 却是个专业术语。发生转变的可不只是发布者所创作的传播内容。2005 年 5 月，我们开始在网上传播这些在宿舍、地下室、家庭工作室制作的网络视频，一拨特定的网络用户已经成为了内容创造者。

在我试图定义什么是 Web 2.0 之前，我还从未收到过如此多的负面评论（或仇恨邮件）。从我收到的评论来看，我最大的罪过是将 MySpace 看作一种社交网站，从而使其打上了 Web 2.0 的烙印。我真不明白为何这个定义会引起这部分读者的愤怒。尽管每当我提到“Web 2.0”，很明显都会引起公众的不少反应和唏嘘声，但它就是这个时代出现的一个几乎无法定义的专业术语。但我坚持自己对 Web 2.0 最初的定义，即那些允许用户自创内容并与其他用户共享的网站。我认为这是对 Web 2.0 这个术语最好的诠释，它有助于强调前 Web 2.0 网站（以下称为 Web 1.0）与新启用的 Web 2.0 版本之间的差异。

探究维基百科的成功模式

第一次互联网泡沫中，教育类里最受欢迎的网站是恩卡塔(Encarta)，它本来是一个基于传统的芬克与瓦格纳多卷精装百科全书(Funk and Wagnall's multi-volume hardbound set）的光盘版，1995 年微软发布了基于百科全书的光盘和网络的混合版。到 2000 年，几乎所有的传统百科全书了都开发了在线版本，但这个版本仅是沿袭了传统的出版模式，文章均由专业人士撰写和编辑。

2001 年 1 月，吉米·威尔士（Jimmy Wales）创办了与 2.0 恩卡塔相抗衡的社会百科全书——维基百科。对威尔士新版本的百科全书来说，传统的出版商 / 作者 / 编辑模式就此落幕了。当维基百科推出时，它还只是一片空白，任何人都可以就任何话题匿名创建一个条目。人们最初对威尔士的模式抱有怀疑，首要的问题是“在无任何经济利益驱使的情况下，为什么会有人愿意花时间撰写百科全书？”但维基百科的快速成长证明了这种怀疑是错误的。维基百科不仅快速成长，而且人气极高，很快超过了其传统的 1.0 竞争对手。如果我们将恩卡塔和维基百科进行比较，恩卡塔的豪华版就大量话题的文章超过 6.8 万篇，而维基百科到 2007 年由 500 万注册用户所写的文章就已超过 750 万，并且新文章以每天 1 700 篇的速度大幅增加。在 2005 年初，恩卡塔和维基百科在访问量上相差无几，但在 2007 年年底前，维基百科的访问量就已经超过了恩卡塔的 45 倍。

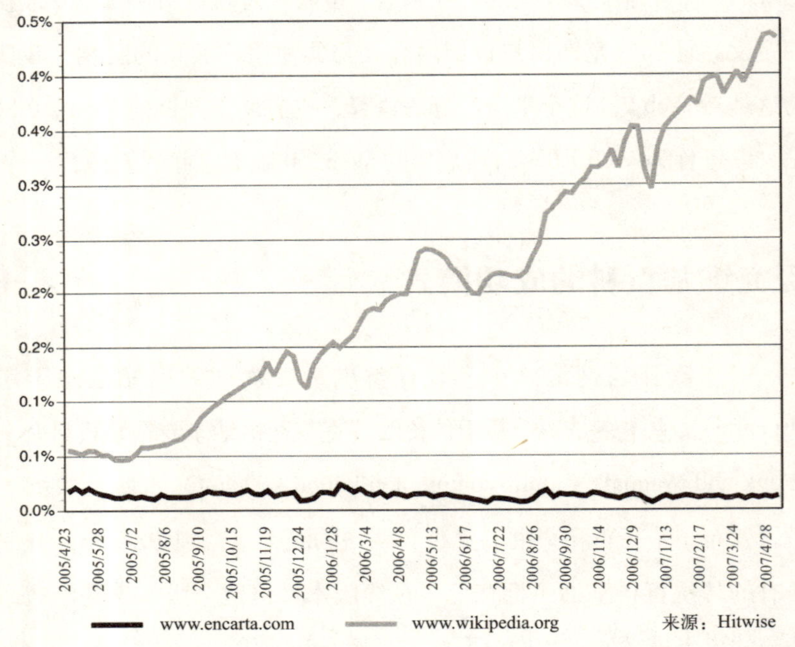

图 7-1　www.encarta.com 与 www.wikipedia.org 所占市场份额对比

1.0 网站的 Web 2.0 版本也在其他领域里大显身手，如照片共享。2005 年之前，电脑用户蜂拥至 *ofoto.com* 等网站，在这类网站上可以将照片上传至中央服务器，然后就可以将你的在线相册打印或发送给朋友。但在温哥华的不列颠哥伦比亚省，鲁迪公司 [Ludicorp，大型多人共享的在线游戏（MMOG）制造商] 偶然间在“游戏永无止境”里发现了它的一个新用途。公司的一名程序员创建了一个工具，允许玩家可以在玩游戏的同时储存图片，然后再将此图片上传至网站。这种特点后来成为了 Flickr 的一部分，有别于现有的照片共享网站，它能够把照片向网站上的任何人开放，更重要的是，它可以为照片作标记或添加文本说明，这样任何人都可以搜索并找到您的照片。举个例子来说，如果我在巴黎拍摄了埃菲尔铁塔的照片，就可以上传到 Flickr 并且加个标签，那么任何人搜索埃菲尔铁塔都会找到我的图片，以及其余 15.2 万张具有相同标签的图片（2007 年 12 月 18 日 Flickr 上埃菲尔铁塔的图片数量。——译者注）。

这个简单的转变使每个人都可以获得他人的图片，随着通过标签搜索图片（以及后来 YouTube 的视频和美味书签 *De.licio.us* 网站）这一构思，就产生了类似于维基百科超越恩卡塔和其他百科全书一样的滚雪球效应。

谁在真正使用 Web2.0

2005 年 11 月是 Web 2.0 的一个转折点，正是在这个月，YouTube 仅用了几周时间就超越了许多像 Google 视频和 Yahoo! 视频等传统的视频搜索网站，可以说就在这个月 YouTube 称霸了网络视频搜索网站，成为行业中的佼佼者。这种互联网的新版本让用户可以增加创作并分享任何形式的内容，对此，世界各地的内容创作者，如杂志、报纸出版商、电视台主管等都纷纷开始考虑这种转变是否会对他们的业务构成威胁。但期待每个人都能快速投身于这种内容创作的模式中来，并且形成彼此分享的趋势，完全是合情合理的。在回答这个问题之前，我们在世纪之交这一刻先跳转至巴黎。

Web 2.0 网站的参与者通过写博客和创作内容向传统媒体发起了

挑战，至少在当今世界是谁在生产和消费信息这方面，可能预示着帕累托原理（Pareto Principle）的死亡。19 世纪后期，法国 / 意大利的经济学家，也是洛桑学校（Lausanne School）的领导人维弗雷·多帕累托（Vilfredo Pareto）指出：在意大利，80% 的国家收入流入了 20% 人的口袋，同样 80% 的国家财产也掌握在 20% 的公民手中。直到 20 世纪，一个西部电气所的工业工程师以约瑟夫·朱兰（Joseph Juran）的名义将帕累托原理应用于商业，发展了他所谓的帕累托原理或“重要的少数”，才使得这一原理登峰造极。80/20 规则最广泛的应用是发现了一家公司 80% 的收入是从 20% 的客户中获得的。这个规则也适用于不计其数的其他业务情况，如时间管理（花 20% 的时间在任务上就要对结果的 80% 负责）和质量监控（20% 的问题导致 80% 的瑕疵）。

随着数字歌曲、博客和用户创作的照片、视频片断等内容通过互联网的大量传播，80/20 也许成为了房地产经济时代的产物。正如克里斯·安德森在杂志《连线》及后来的书中所提到的长尾理论所指出的那样，在互联网经济时代，如果要思考内容的传播是如何转变的话，这非常简单，比如问及在线音乐的销售时，我们就想只要用 80/20 规则就可以，“我们被训练成以这样的方式思考，80/20 规则无处不在”。安德森在他的文章里提到了罗比·范 - 阿迪布（Robbie Vann-Adib）的例子。罗比是一家数码音乐播放机公司 Ecast 的首席执行官，想知道在线媒体商店中榜单前 1 万名的曲目每月出售或出租至少一次的比率是多少吗？他的回答不是 80/20 所说的那样 [根据朱兰（Juran）的理论仅有 20%]，而是 99%。

雅各布·尼尔森（Jakob Nielsen）通常被称为网站可用性的鼻祖，他也通过在线简报 Alertbox 上探讨了这一话题。尼尔森注意到，在大型的网上社区和社交网站中，访客都分成两部分，一部分积极地参与，而另一部分则是尼尔森所说的“潜水者”。他将这种现象称为不等量参与，社交网站的在线访客呈现的是1-9-90的分布，而非朱兰博士的80/20分布。根据尼尔森的理论，90%的用户是“潜水者”，访问网上社区但并不参与，9%的用户偶尔参与，而只有1%的用户是积极的参与者。

尼尔森还指出，就博客而言，不等量参与的现象更为严重，可能只有不到0.1%的互联网用户参与其中。由用户生产媒体的概念把媒体视为一个民主化的力量，赋予消费者参与对话的权利，而非仅仅是被告知的对象。但讽刺的是，仅限于非常少的一部分互联网访客参与其中。

为了发现更多的关于尼尔森不等量参与现象，我们要检查3个Web 2.0网站——YouTube、Flickr和维基百科的共享要素。为了完成这个任务，我们使用了一个自定义工具。通过观察这些网站访客的上传内容（为YouTube上传视频，为Flickr上传图片，为维基百科编辑词条）的差别，来考察访客对网站的参与情况有何不同。一旦我们为每个活动确定了网址，系统就会收集为期4周的数据资料。这样的话，我们就有机会了解参与这3个主要的Web 2.0网站的总用户数，更令人激动的是，我们甚至还可以了解到底是“谁”使用了Web 2.0，或者说更加了解了静态观察者（或潜水者）、偶尔参与者与积极参与者之间所存在的区别。

第一个月的数据证实了尼尔森的观点：全美用户对YouTube网站的访问中，只有0.16%的访客上传了视频，对网站Flickr的访问中也只有0.18%的访客为该网站上传了照片，其余的访客只是在观看大量的上传内容。然而维基百科数据所显示的情况则与YouTube和Flick网站截然不同：超过3.5%的访客在点击“编辑文本”按钮后就进行了文字输入。到底是什么原因使得维基百科与YouTube、

Flickr 存在如此显著的差异呢？

对这种差异最合理的解释就是 1-9-90 规则随着参与某一特定用途的复杂性会成比例地增减。毕竟上传自制视频到 YouTube 与简单的在维基百科上点击按钮、编辑词条所花费的力气是不同的。通过数个月来对数据的观察，我们已经从尼尔森的原创中发展出我们自己的 1-9-90 规则了。我们的数据显示：所有对 Web 2.0 网站的访问中，只有不到 1% 的访问是由用户生产的媒体（如把视频上传到 YouTube），其中 9% 的访问（根据复杂度不同，这个数字可能是 3% ~ 9%）来自用户通过编辑词条或增加评论的方式与消费者创作的内容进行互动，90% 的访问仍然是毫无任何互动的“潜水者”式访问。

我发现一个非常普遍的问题，这个 1-9-90 规则是否是一个技术复杂的功能呢？也就是说，随着创建和上传内容的操作日益简易，这 1% 的实际贡献者会有所增加吗？或者这 1% 的贡献者会带动上传、创建内容的趋势吗？为了回答以上问题，我们长期追踪了每个小组的百分比，我们首先假设随着时间的推移，创作和上传内容会变得更加容易，如果同期百分比也保持稳定的话，那么这一比例的访客则较有可能成为贡献内容的带动者，从这 6 个月的数据来看的确如此。这一结果成为解答谁在使用 Web 2.0 的另一种方式。

观察 YouTube 和维基百科这两个网站的访问量与参与量，我们会发现，由于参与者年龄、性别和社会经济阶层等人口特征的不同，参与情况也会产生显著的差异。维基百科的访客在性别上没有差别，网站的访客以及那些正在编辑词条的参与者中，男女几乎各占一半。尽管如此，访客的年龄方面还是存在一个显著的差异。观察发现，18 ~ 24 岁的年轻访客人数众多，几乎占据了访客总体的 25%。当我们缩小范围，只观察那些编辑维基百科条目的访客时，发现 18 ~ 24 岁群体的占有量下降到 17%。与此同时，词条编辑者倾向于年长的访客，结果显示，45 岁以上的编辑者占 41%，而全部访客中，超过 45 岁的访客占网站访客的 33%。显然数据告诉我们，就维基百科的人口统计而言，年长者在教育年轻人。更有趣而且也更令人费解的是在社会经济阶层中所存在的差异。就维基百科的编辑者来说，与网站的其他访客（包括城市中产阶级）相比，来自郊区、小城镇以及乡村地区的中产阶级比含有城市中产阶级在内的其他访客更乐于编辑词条。

YouTube 的访客与参与者（上传视频的访问者）之间存在一个明显的性别差异。访客中男性和女性的比例是 51% 比 48%，而在上传视频的访客中男性和女性分别占到了 58% 和 42%，这也是一个明显的差异。如果我们按年龄将参与者划分为两组，那么首先我们会惊奇地看到，上传视频的主力军竟然是 45 ~ 54 岁年龄组。要想了解这个特定的群体，首先要了解数据所体现出来的时间范围，这也是在线数据测量的复杂性之一。这个特殊的统计来自于 2007 年春季的数据集。为了对住户进行人口统计测量，我们采用了典型的方式，即只对一家之主进行了人口统计。我们可以看到，在春季（特别是 3 月）以及寒暑假，这个年龄组的人数在 YouTube 上出现锐减，这最有可能是因为这些户主上大学的孩子们放假回家了。

在 YouTube 的访客和上传者中所存在的另一个差异是他们所居住的地区。我们通过是否上传视频来比较那些积极的参与者和被动的访问者时发现，小城镇和农村地区的访客比城市或城郊的访客更乐于上传视频。这会不会是因为农村用户有更充裕的休息时间呢？

你和 1 000 位朋友在一起时会做什么？这不仅是我写这本书要回答的问题之一，也是我与自己的 Facebook 里 1 000 多位朋友所遇到的情况。当看到从 2003 年起 MySpace 的火爆，以及后来 2005–2006 年时 Facebook 的崛起，我作为一个冷静的旁观者进行了客观的分析。

我几乎可以理解一些媒体对社交网站引起的模式转变所做的大肆宣传，但同时我也意识到我达不到那个程度。我需要了解第一手资料，为什么如此两极化的技术会使美国微软公司投资 5.8 亿美元，而仅仅为了得到 Facebook1% 的股份？

我花了几分钟创建了自己的 Facebook 资料，然后开始邀请朋友。浏览了每一个在线地址簿，逛遍了 Facebook 的各个通道来寻找长期交往的朋友。我用尽所有力气，终于填满了我的好友名单——也只有区区 124 人。我终于理解为何那些 Facebook 用户心中充满怒火了。我无法相信我正在获取真实的经验。我在 Facebook 的朋友几乎和我年龄相仿或职业相当，我发现我们中大多数人都不清楚为什么要上这个网站，或者一旦我们上了这个网站，要怎样做才能交上更多的朋友，尤其是交上那些了解这一新事物的朋友？

在我写给《时代》的每周专栏里，我决定要写篇文章专门讨论上 Facebook 成瘾的问题。在专栏的结尾，我的签名档后面，我说服编辑多增了一行说明——我在 Facebook 中只有 124 个朋友，如果谁和我在同一区域可以顺便过来看看，并给我发朋友邀请。一个星期内，我的朋友数量达到了 850 个，并且在 1 个月内超过了 1 000 个。朋友们来自世界各地，包括欧洲、亚洲、非洲，我还添加了大量的 Facebook 首要用户——大学生。

在了解新朋友的过程中，我们互相交换信息（使用的都是 Facebook 的服务）。我的大部分谈话始终贯穿着这样一个思路，即社交网站（特别是 Facebook）正在改变年轻一代使用互联网的方式。随着交友网站的来临以及用户状态的更新（在你的个人资料里发表一份简短的声明，以解释你目前正在做什么，如“比尔正在工作”，或“比尔正在忙于一个工作项目”），就可以快速地浏览网站里所有的朋友，以便更有效地交流。

事实上，数据与 Facebook 上朋友们告诉我的不谋而合。如果查看访问量的市场份额，基于网络的电子邮件服务（类似 Yahoo！电子信箱、Hotmail 和 Gmail）仍是到目前为止最热门的网站类别，然而如果我们再看看 2007 年夏季的市场占有率，就会发现社交网站的访问量首次超过了电子邮件。

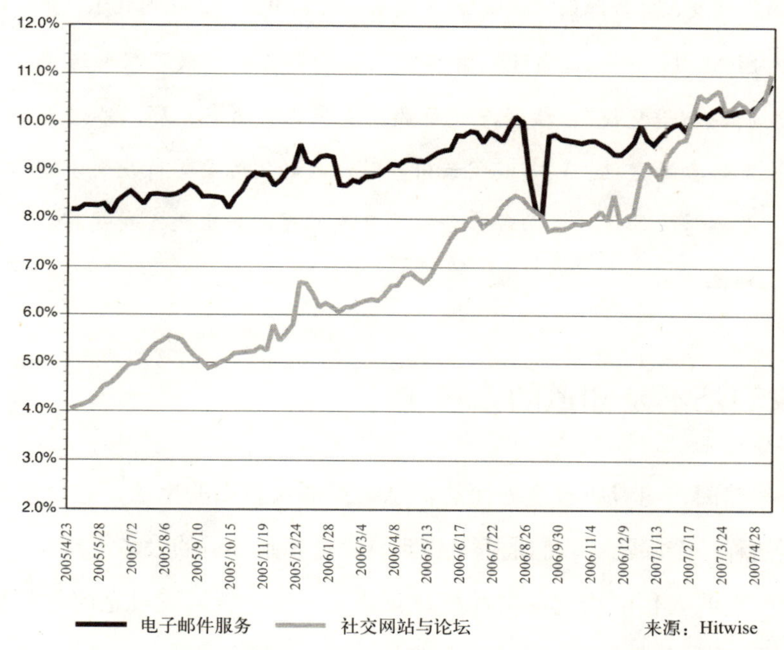

图 7-2　访问电子邮件服务和社交网站与论坛的市场份额

一位移居瑞士叫劳伦（Lauren）的新朋友举了一个例子，用来说明生活是如何由她父母的时代转变到现代的。她父母的时代是通过“蜗牛邮件”来沟通，而现代的社交网站已经改变了他们这一代人的联系。

“有时候我觉得 FB/ MySpace 这一代令人着迷之处，正是因为它紧密地联结了我们的浪漫关系。我们可以如此之多地了解一个人，这是前所未有的。我们知道他们什么时候在线，在和谁聊天，他们最喜爱《恶搞之家》(Family Guy，美国热播动画片。——译者注）中的哪一段，以及他们是否会选择我们之外的人打扑克。我的很多朋友，无论男女，都对他们的亲密朋友和重要人士公开他们的 FB（FB，是从 friend bee 演变而来，指密友，会音译为“腐败”，指大家在论坛里聚会、吃喝玩乐，费用 AA 制。——译者注）潜水状态。如果借口“我只想知道他们在与谁交谈”，搞网友“腐败”或是探听消息，那只不过无足轻重的冒犯。以前我父亲出差时，我的父母要等待几周才能收到对方的信件，而现如今，只要我的男友一上线，我就能看到他。”

我们是不是知道的太多了

然而，随着所有这方面的信息大量涌入我们的生活，它却回避了这样一个问题：我们是否意识到自己是不是知道的太多了？

在我入住酒店之前，甚至在我登上飞往伦敦的飞机之前，关于酒店，我就已经知晓了我所要知晓的一切。我知道我的房间会有两层，在房间大门旁，从楼梯的平台向下 5 个台阶有一套底层的套房。我知道浴室有地热，当我走进浴室会站在绿色的大理石瓷砖上，淋浴在右边，我会了解到莫顿 · 布朗(Molton Brown)洗浴用品的实际尺寸。（通过体貌特征的描述）我知道每个前台工作人员的姓名，我也知道可以向维罗妮卡（Veronica）询问餐厅的事务，她知道骑士桥地区所有最好的印度餐馆。当第二天早上早餐送达底层的用餐区，我知道最佳的就餐时间，即使我在伦敦而不是巴黎，我也要放弃典型的英式烤饼选择羊角面包（尽管主厨在屋子里烘烤食物，从来不在餐厅露面，但我也知道，她是从巴黎来的）。

我仅仅通过访问一个网站——旅行顾问（*tripadvisor.com*），就在几分钟内收集到所有这些信息。该网站成立于2000年，后来在2004年被在线旅游公司艾派迪（Expedia）所收购。旅行顾问网站专攻酒店服务，它声称对2.8万个城市的20余万间酒店有超过1 000万条的评论。他们甚至有82.5万用户上传了照片，所涵盖的酒店数量多达5.3万间。

旅行顾问又是如何影响在线旅游业的呢？美国互联网调查公司Hitwise划分旅行类别的2 700个网站中，旅行顾问过去3年里始终保持前两名的位置，比任何大型连锁酒店、目的地或度假胜地获得了更多地访问量。巴巴多斯岛（Barbados）（旅游公司总是为他们的行业会议挑选最佳地点）召开的一个旅游会议中，在会议休息期间我有机会与一个五星级连锁酒店的行政长官进行交谈。在谈话中我提到了旅行顾问，还提到了它是如何向消费者提供这些我们从未经历过的信息。“你知道”，他说，“在过去，凭借我的品牌就可以保证酒店客满（他的酒店品牌是已获得国际认证的五星级酒店），但是最近这些天，我的品牌不那么有价值了，五星级AAA的等级也不是非常有用。我发现我大部分时间都在关注我们酒店在旅行顾问网站上到底有多少评论（旅行顾问的顾客等级服务分为1-5的5个等级，1为最低等级，5为最高等级。——译者注）。”

这位主管提到的以及几乎所有连锁酒店已经意识到的，是网络已经从一个静止的媒体转变成为一个顾客可以通过评论或图片来发表自己观点的地方，这对他们的产业产生了深远的影响。在旅行顾问1.0的网站上，或者叫第一代旅行社的网站上，允许用户通过多个预订机构来比较各地酒店的价格，消费者可以为他们的旅行寻找到尽可能低廉的住宿。实际上，传统的在线旅游网站消除了市场上巨大的低效。消费者虽然不能按照他们感兴趣的特征进行搜索，但已不再会在旅行社或酒店登记台前任人摆布，他们可以找到最满意的价格。

不过，Web 2.0 旅游类版本的第二个转变，即酒店评估的大量增加，基本上是关于商品化的酒店客房的评估。如果在预订酒店客房之前，我就能够知道其他人正在付什么费用（我使用 *Hotels.com* 或旅行搜索引擎进行查询，比如用 Kayak 或 Mobissimo），我就可以知道我花钱可以得到什么：服务质量，条件房间，甚至到洗浴用品的品牌，作为一个消费者，我正用“完全信息”将自己全副武装。

“完全信息”是博弈论和经济学里的一个概念，用来形容聚会上两方所玩的一个有连续动作的游戏，每一方都准确地知道当前的动作（国际象棋或西洋跳棋都是体现博弈理论中完全信息的上佳典范）。对于解释“完全信息”概念，纽约州立大学的经济学教授 D. W. 麦肯齐（D. W. MacKenzie）找到了一个很好的理解方式——电影《土拨鼠日》（*Groundhogs Day*）。在这部电影中，由比尔·默里（Bill Murray）所饰演的故事主角幻想重新过这年里的同一天——土拨鼠日，连续多次。首先，默里做了一些差劲的决定，主要包括一场可能发生的艳遇，当他重新过那一天时，他就知道将会发生什么。因此，根据他所掌握的度过这一天的完全信息，他就能够对最终的结果充满信心。

访问旅游顾问网站的旅行者或其他发表评论的消费者，可能会发现他们自己与比尔的情况非常相似。通过数十个或几百个光顾过该酒店的顾客留言，他们可以知道自己即将有什么样的经历。与价格调查的经验相结合，你可以了解从一家酒店得到的最优价格，再加上以往的经验信息，消费者不依赖于酒店的品牌就可以作出决定。但还有一个问题引起了我们的注意，那就是完全信息只是一个理论，其理想模式在现实生活中是不可能实现的。然而，要得到真正的完全信息还有一些障碍，仔细查看消费者的评论，两个问题浮出水面。

第一，完全信息依赖于消费者的动机和提供准确信息的能力。为了促进参与，几乎所有的网站都为用户提供了在完全匿名情况下发表评论的权利。由一个完全模糊的身份提供的信息，可能会更真实（如果我日后在家里吃晚饭时不需要害怕遭到报复，那我会对一个地方酒店进行真实甚至残酷的评论），但有些人也许会利用匿名的权利发表歪曲事实的评论。彼得·斯坦纳（Peter Steiner）因在著名的《纽约客》（*New Yorker*）上刊登过的一幅漫画给人留下深刻印象，漫画描绘的是两只狗的对话，一只正在上网的狗对旁边的同伴说，"在互联网上，没人知道你是狗"。在旅途中或食宿场所中，通过与旅行者交谈，我发现虚假评论有两个可疑的动机，即雇用骗子评论和人身攻击。许多店主怀疑，其他店主为了提升他们自己酒店或餐厅的级别，自己进行匿名评论。另一方面，也有一些店主抱怨，他们的好名声会被一个恶评所诋毁，而那可能会引起其他人的误会。最坏的情况是，店主声称，一些竞争对手隐藏在匿名背后，通过发布歪曲的、负面的评论企图故意降低对方的级别。

第二，在网上对产品和服务进行评论的消费者，都是将掺杂了个人观点的评价上传到旅游顾问或 *newcomer Yelp.com* 等网站上的。如果互联网用户以及更多的消费者关于产品和服务选择的评语与专业评论针锋相对的话，那么观点的不同就成为了关键的问题。

Yelp 是由一对朋友——杰里米·托普尔曼（Jeremy Stoppelman）和罗素·西蒙斯（Russell Simmons）在 2004 年夏创建的。网站的自我宣传是"用有趣方式，来寻找、评价和谈论您身边的事。"像旅游顾问网站一样，Yelp 上的内容也是建立在用户评论的基础上。在 Yelp 上，用户可以评论一切，从餐厅、酒吧到干洗店、牙医、医生，甚至 Yelp 本身。在旧金山这样的大都会里，一个热门的餐厅可以聚积数以百计、有时甚至数以千计的评语，Yelp 用户除了对自己的经历进行叙述之外，他们也据此划分 5 个等级。

如果我们看 *Yelp.com* 访客的消费心理，观点差异的问题就凸显出来了。考察 *Yelp.com* 网站的马赛克分层(MOSAIC segmentation)时，发现其中访问量最大的组是 H 组部分，或也被称为“青年一代”，这一群体主要由从 18 ～ 24 岁的次世代组成。根据马赛克分层的描述，他们往往是“喜欢看戏剧、电影、漫画和乐队组合的主流文化发烧友。”因此，作为一个群体，他们“技术突出，对互联网了如指掌，利用闲暇时间上网聊天、求职、传送即时讯息，在拍卖中出价竞买并且经常光顾约会网站。”

同时这个小组最有可能上网发表评论，这可能与另一个马赛克小组的主要成员有所不同，而后者更可能倾向于只浏览网站内容。A 组被称为“富裕的郊区居民”。该组成员往往是出生于婴儿潮一代，是家里年龄较大的孩子。他们往往具有管理和行政职务，对理财、旅行和美食餐厅饶有兴趣。想一想，一个 20 岁的年轻人和一个 48 岁的富裕郊区居民，他们对同一家餐厅的评论会有何不同？类似从桌子上清理盘子这样简单的行为，都有可能产生截然不同的评价，结果当然会产生观点的差异。

就服务员适时清理顾客餐具的问题，用餐者对餐厅的评论存在着巨大的分歧。正确的礼仪要求在每个人都吃完一道菜之后才能撤掉盘子。如果对各种情况都经验丰富的典型富裕郊区居民（比如，用餐者吃完后清理盘子）来说，作为服务员不应该对收拾桌子操之过急。而桌子的另一边正在用餐的年轻人，他可能根本就不了解此类守旧的餐桌礼仪。在先于他人用过餐后，他可能会把刀叉放在盘子中间来表示他已经吃完，希望服务员尽快过来收拾。所以，此时我们的年轻人可能正在暗暗的发怒，发短信或查看桌下的黑莓手机，奇怪于为什么一间广受好评的餐厅(在他看来)会有如此松懈的服务。

回到家后，这两个用餐者都到类似 Yelp 一样的网站上发表了一篇餐厅的评论，一个人认为服务优质，给了五颗星，另一个人则不相信这样差强人意的服务竟会得到如此高的评价。

当 Web 2.0 还被视为是一个专业术语时，业界竟然已经在讨论 Web 3.0 了（我们还没有确定 Web 2.0 的定义呢)。Web 2.0 在过去两年里取得惊人成绩的这段时期，带领我们感受了媒体从静止到鼓励人们广泛参与的发展过程。这种趋势创造了一个独一无二的挑战，即如何处理可获得的海量资讯。Web 2.0 消费者创建的内容增加了需求，要是让我为 Web 3.0 投票的话，这种需求不失为一种有用的方法，可以对所有信息进行过滤，从中发现观点、声誉和准确性方面相近的地方。直到这一切发生之前，我们所依赖的这些内容还面临着收集噪音的前景，而在未来我们对此大可不必担心。

传统纸质媒体如何在网络盛行的今天华丽转身

如果我不得不找出一个受互联网打击最大的行业，那我会选择报纸产业。从收入角度看，报纸由于网上的免费新闻已经失去了大量的订阅费。广告收入也受到了易趣网和 Craigslist（知名在线分类广告网站。——译者注）等分类广告网站的巨大影响，甚至讣闻也已经受到了提供选择的网上纪念碑的影响。

对报纸商业模式所造成最大冲击的，莫过于日报的时效性与互联网上无限次免费更新之间的对抗。每天早晨，在报纸到达我家门口之前，我已经知道了亚洲的地震、哥伦比亚特区最新的政治丑闻，甚至我家乡圣马特奥的地区新闻，就连社论和专栏文章我也已经在早餐前就全部浏览过。问题还不止于此。

除了传统的报纸，我们为了了解每天的新闻时事还转向了其他的新闻来源。我们阅读政治博客而非报纸中的政治新闻报道，浏览像佩雷斯·希尔顿等名人博客而非报纸中的生活版。如果一个行业的所有价值对顾客来说，实际上可以用几乎免费的资源取而代之的话，那这个行业还能有什么作为？就像大多数报业商发现的那样，答案就在于他们应该接受这种模式，像互联网一样，尽可能提供更加及时的资讯，改变他们的商业模式，与其依靠订阅费和印刷体广告的收益，不如去吸引日益增长的网络广告收益。

一些报刊则更进一步，决定与 Web 2.0 的概念相结合，开启顾客参与之门。但对另外一些报刊来说，反而事与愿违。

有一次我去到一个顾客（一份主流报纸的报业商）的办公室与他们的管理团队开会。我们的数据表明，自从他们让注册的用户在报纸网站上创作内容，他们几乎失去了一半的网上读者，急剧地从在线新闻的榜首位置上跌下马来。这原来是因为他们听取了对用户参与所进行的大肆宣传，决定大刀阔斧地改变他们的网站，使它更加“2.0”化。行政团队的决定所依靠的主要因素是雅各布·尼尔森的 1-9-90 规则，而不是被广泛接受的帕累托 80/20 原则。

然而更糟的是，经过对该报在线读者进行心理特征分类，他们的读者类型与能够创作内容的用户特征完全不相符合。事实上，这些读者的核心部分是传统新闻模式的铁杆追随者，也就是报纸每天早上会达到他家大门口的那类消费者。

急于融入 Web 2.0 世界的愿望并不仅限于报纸产业，类似的情况也在网上零售业、旅游业、在线约会等领域出现过。也有一些公司成功地将用户创建的媒体和全心全意追随的读者（或顾客）相结合。这些幸运的公司，或理解了“Web 2.0 是谁”这一真谛，或是有幸地与早期采用者进行了完美结合。

第8章 数据风暴与媒体变革

Data Rocks and the Television-Internet Connection

如何从看似凌乱的数据中挖掘出潜藏的规律?

美国最火爆的电视真人秀节目《学徒》如何与其赞助商寻求共赢?

为什么金色云杉、哈利波特、大卫贝克汉姆成为王牌搜索词条?

庞蒂克新车的搜索量如何在几周内翻了两番?

在线媒体与传统媒体是如何紧密相连的?

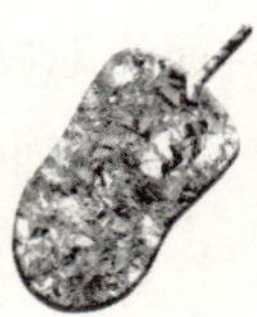

数据狂人

研讨会正在进行，很快就轮到我做主题演讲了，真是如坐针毡，突然间暗骂自己总是拖拖沓沓。我要在这个“搜索引擎前景”会议上要做一个 12 分钟的演讲，可是现在我连个开场白都没写好，只在开会前的那个早晨完成了几个演示幻灯片，这也算是临阵磨枪了。开幕式是会议最重要的部分，纽约希尔顿饭店的宴会厅座无虚席。纽约搜索引擎会议已经成为年度最受欢迎的会议，聚集了许多搜索引擎方面的专家和网络专业人士。作为互联网上最有利可图的一个领域，这个搜索引擎会议人声鼎沸，就像互联网泡沫一样沸腾。会议开始时，宴会厅里座无虚席，后来者不得不坐在过道里和讲台前面的地板上，边听 3 个数据中心的分析，边通过幻灯片来了解搜索引擎产业正发生着什么。

第一位发言人演讲即将收尾，我越发紧张。这是我首次在这种场合讲话，本以为我的小组吸引来的听众规模与几周前在费城药剂业会议时一样，稀稀拉拉不到三、四十个人对数据感兴趣。然而，我现在却身处立锥之地，有三、四百名听众济济一堂，站着的坐着的都有，而我就要对他们大侃数据了。

我在佛罗里达州南部长大，打小就喜欢摆弄数据。当其他孩子大多还在佛罗里达明媚的阳光中享受着游戏和体育乐趣时，我则沉迷于寻找数据中潜藏的规律。我尤其对那些缺失规律的数据情有独钟，比如圆周率 π 这样的无限不循环小数。不同的是，当我还是孩子时，数据对我来说绝对不“酷”，而今天我带到会议上的数据要么就很“酷”，要么就是我进错了房间。

我走上讲台，来个 AA 制的开场白，“我是比尔·唐瑟尔，我爱数据。”宴会厅里响起了几声怯怯的笑声（我想或许一些人正打算立刻找个缝隙溜走，去别的会议室），自然地我谈起了我的童年以及我孩提时就对数据有多么喜爱，是它们使我从过去一点也不“酷”变得炙手可热。当我继续讲解图表时，人群里发出了咯咯的笑声。但后来，在演讲结束时发生了一件有趣的事情，一些人围拢过来讨论我的幻灯片。这时，一名男子靠近我递给我一张名片，低声说：“嗨，我也爱数据”。“我爱数据”也成为我那一年演讲的标准开场白。随着每场演讲中，“数据爱好者”越来越踊跃地发言，在我第二年再次参加这样的会议时，在递给我的名片上已印有‘我爱数据’或‘数据正当道’的字样，从此这种说法也达到了顶峰。由于互联网数据冲出 IT 办公室，走向市场营销部，其中多数都是按照网站中心统计的形式（关于各自网站可获得的使用统计数据），于是越来越多的人也冒险融入了数据的世界。

一年后，我再次为即将举行的搜索引擎战略会议（Search Engine Strategies Conference）准备演讲稿（又是上午），我想起了前几年的演示文稿。那时，我曾提出过一些统计数据，关于主流搜索引擎的地位、人口特征信息以及日益起步的垂直搜索引擎（即专注于特定类别的搜索引擎，像购物对比引擎、本地搜索和旅游搜索等）。但今年我想使用一种最丰富的互联网数据，即搜索数据本身。在任何特定的4周内，我们在数据库里有几百万条独立的搜索词条，所有的词条均按搜索量进行了排序。当约翰·巴特利（John Battelle）在他的著作《搜》（*The Search*）一书中对其进行描述时，我将其称为“数据库的意向”，它收集了互联网用户（我们的样本）每天都在搜索什么，巴特利在书中是这样描述的：这一信息汇总展现了人类的意图，这是个庞大的数据库，收集了人们的欲望、需要、要求，凡此种种可以被发现、传讯、存档、追踪和挖掘，用于各种各样的目的……

Facebook抢了Google饭碗吗

让我们从这一长串查询的源头开始吧。看一看全美55家最热门的搜索引擎的前10名（截至2007年12月15日当月，搜索量超过460万）：

1 . MySpace
2 . Ebay
3 . *Myspace.com*
4 . Craigslist
5 . YouTube
6 . *www.myspace.com*
7 . Walmart
8 . Mapquest
9 . Yahoo!
10 . Facebook

这张榜单吸引我们眼球的第一件事莫过于社交网站MySpace，它在搜索量前10名的榜单中竟然出现3次。早在MySpace成立之初，我们就注意到了它在搜索词条榜单中节节攀升的趋势。当时我们所考虑的是，互联网用户究竟是如何分类搜索引擎的，这将是衡量一个品牌价值的重要标准。我们假定“MySpace”的迅速走红预示着社交网站的日益普及。看看 MySpace 这组持续的数据，我们就能知道它是当今互联网上最具风头的名牌。

排行榜中另一个引人注目的问题就是专业搜索词语的缺失，这一现象大多存在于对“汽车”、“歌词”或“音乐”的搜索领域内。这个问题的答案是双重的。一方面，域名（*myspace.com*）和导航搜索（*www.myspace.com*）在热门搜索里已经是显而易见的。我让很多领先在线搜索公司的在线专家和分析师们看了我们的热门搜索词条，他们看到这些导航词条时都将信将疑。我记得一位分析师还这样说道：我们的数据可能出现了一些错误。不过，考虑到这些未加工的搜索毕竟与主流搜索不同，尽管大部分的搜索都只是键入域名，但难免有些人也会在自己喜爱的引擎中键入完整的网址。为什么会有人这样做呢？有两种可能的原因，我猜都很合理。

第一，一些互联网用户之所以会在搜索引擎中键入完整的网址，是因为不清楚网址栏（您在网页浏览器内键入完整网址的地址栏）与搜索框之间的差异，或者他们只是网上冲浪的新手。

第二，用品牌和域名搜寻的都是网上冲浪高手。一些更老练的网络用户可能已经替换了默认的网络首页了，而设成了他最喜欢的社交网站或像 Google 这样的搜索引擎。如果 Google 是每次打开浏览器的默认网页，那么在 Google 上键入一个品牌（mySpace）或域名（*myspace.com*）确实要比在浏览器的网址栏内进行搜索简单多了。

随着时间的推移，我们看到搜索者越来越老练了。最近 4 年以来，每个查询的搜索词条数量都是稳步攀升。这表明，互联网用户对搜索引擎的使用越来越得心应手。4 年前，能够搜索到像“车”这样的模糊词条，对一些用户来说已经心满意足了。然而随着时间的推移，这些搜索已经被精确为“沃尔沃 S80”，或更具体的“2007 新款沃尔沃 S80”，甚至更精确的本地搜索“全新的沃尔沃 S80 94402”。仅仅在 3 年前，每次搜索中一同出现 3 个或 3 个以上关键词的情况只占所有搜索中的 14%，而到了 2007 年这一数字已上升为 23%。

具体到对车所进行的搜索，就以庞蒂克跑车为例，便可以看出网络数据在衡量我们对电视的反映方面有多么强大的力量。

> 2005 年 4 月，我躺在沙发上看了最新一集的《学徒》(*The Appentice*，又名《飞黄腾达》)，笔记本电脑就在附近。我注意到，这个节目由于对赞助商的宣传而达到了全新的高度（或依你看是全新的低谷）。在这集里，积极进取的企业家被分为两组，为全新的庞蒂克跑车设计最好的宣传手册。这一集里庞蒂克播出了一个 60 秒的广告，它为观众提供了一个网址 *www.pontiac.com /solstice*，在该网站上能够注册签订第一批 1 000 辆限量版汽车的购买权。在接下来的第一个星期一，也就是每周信息更新的日子，我第一时间上网查看了相关的搜索数据。

随后一周，显示搜索“庞蒂克跑车”的图表证实了通用汽车的营销活动有多么成功。新汽车的搜索量比过去几个星期翻了两番。产品广告投放能有效地推动消费者上网查询、甚至真正的购买。这个简单的图表足以表明，网络有这样的潜力来衡量植入广告的宣传效果。

在传统的市场调查领域，如果要考察某一特定宣传是否行之有效，需要衡量宣传之后上升的销量与这些特定的宣传有多少关系，这会令你不胜其烦，或者还有更糟的，你可能要带领专题小组进行消费者研究或调查，看看他们是否能够回想起播放的广告，并且还要了解他们对广告的想法。而最令我感兴趣的是，如果我监测一个大样本的互联网用户的话，通过对大量的网络用户进行追踪研究，就可以建立一个更快捷、更精确的方法，来衡量某一特定广告的效度，只需将搜索词条数据作为某一特定品牌知名度提升的代表即可。

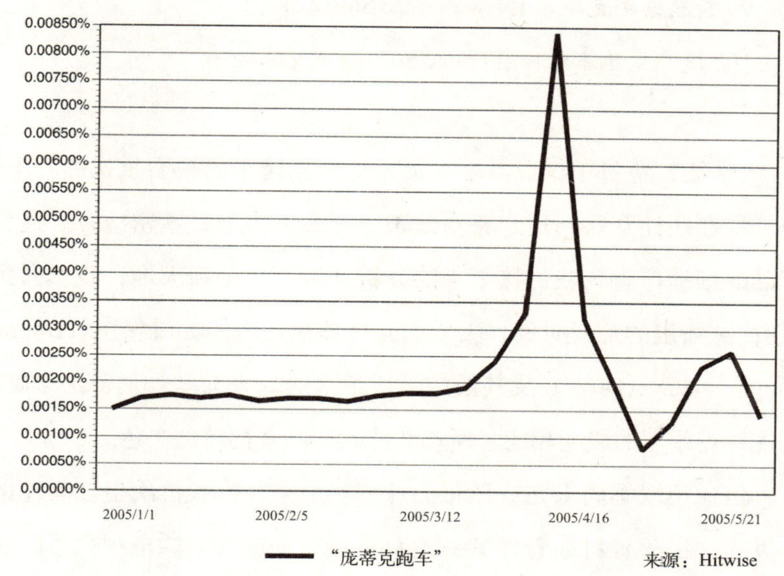

图 8-1 “庞蒂克跑车”的搜索量

通过查看全部含有“跑车”一词的搜索词条，并且按搜索量对其分类，我还可以衡量《学徒》创造的品牌联合效应。

搜索词条中含有“庞蒂克跑车”的前 10 名（2005 年 4 月 23 日当月）：

1. 庞蒂克跑车 (Pontiac Solstice)
2. 2006 年庞蒂克跑车 (2006 Pontiac Solstice)
3. “庞蒂克跑车”（“Pontiac Solstice”）
4. 2006 年庞蒂克跑车图片 (2006 Pontiac Solstice Pictures)
5. 2005 年庞蒂克跑车 (2005 Pontiac Solstice)
6. 庞蒂克跑车《学徒》(Pontiac Solstice the Apprentice)

7. 跑车庞蒂克 (Solstice Pontiac)

8. 庞蒂克跑车评论 (Pontiac Solstice Reviews)

9. 新款庞蒂克跑车 (New Pontiac Solstice)

10. 庞蒂克跑车学徒 (Pontiac Solstice Apprentice)

《学徒》节目不仅成功地令庞蒂克新款跑车的搜索量扶摇直上，而且现在还让互联网用户将新款跑车与真人秀节目紧密结合。这一产品的插播广告为我们接下来的分析开辟了一个新天地，我们回到《学徒》播出的那段时间，去看看其他插播广告，如汉堡王（Burger King）、多芬（Dove）及其他产品所带来的效果究竟如何。结果是，与庞蒂克跑车的成功相比，所有其他的产品全都黯然失色。

但通用汽车尚未完成该年的计划。后来，当我再次坐在客厅的沙发上，出乎意料地看到第一支 Google——庞蒂克的电视广告时我真的十分惊讶。这支由在线商家炮制的广告（镜头对准新款的庞蒂克 G6）作为一个例子，很好地诠释了传统营销将搜索营销视为雷区的误解。在广告的结尾，画外音并没有像 90 年代流行的模式那样，给出一个美国在线的关键词或网址。相反，它说了一些别的，差点让我呛着，因为我当时正在喝水。带有 G6 性感外观的黑色画面摇身一变，成了 Google 的搜索界面，而画外音极力劝导观看者不要“把我们的话信以为真，Google‘庞蒂克’让你自己发现，设计可以如此与众不同”。

作为一个从 90 年代中期就开始涉足搜索引擎领域的市场研究员，我立刻意识到通用汽车这则广告是多么的大胆和冒险。当你在 Google 上搜索“庞蒂克”时，作为一个商人，你对下一页所出现内容的控制权非常有限，有时候我们称下一页为 SERP 或搜索引擎结果页面。

为了能吸引住已经习惯于被电视广告引导的观众，庞蒂克不得不控制搜索引擎结果页面的两个关键部分。

第一个部分包括页面顶部的阴影部分，以及页面右边标记为“赞助商列表”的部分，这是广告商发布广告的地方，如果一个网络用户以某个特定的词或短语进行搜索的话，广告就会在这一领域显示（广告商仅仅为搜索者点击他们的列表广告付款）。

即使控制结果的难度如此之大，庞蒂克营销人员还必须关心一下该页面的第二个部分，就是我们所提及的调查结果的主体。搜索结果在Google结果页面的前端和中心部分的显示是免费的，不同列表的显示由计算机处理的Google编码所掌控，为了找到互联网用户最热门的搜索网页，它通过搜索引擎将数以亿计的网页索引进行分类。自90年代中期开始，在搜索结果主体中展示品牌或在搜索相关的产品及服务方面，公司所获得的机会日益专业化，整个搜索引擎优化业（简称SEO）也就随之如雨后春笋般大量涌现。

在打开笔记本电脑几秒钟后，我跳转到Google网页根据导航搜索“庞蒂克”。我不得不看一下通用汽车的冒险行为是否已见成效。占据1号支付位置（在网页的上方，凌驾于其他支付列表之上）的是庞蒂克广告，但其后却是一个网址*www.mx5nocomparison.com*，很显然，这是一家由马自达特别为Google庞蒂克广告建立的网站。主要的搜寻结果并不理想，庞蒂克确实成功地抢占了1号的原始搜索结果，也处在主要搜索结果的顶端位置，但下面的列表不是密歇根州庞蒂克的酒吧或烧烤，就是密歇根州庞蒂克的地图或其他不同的结果。

当大多数网上销售人员用Google搜索通用公司的决策并为之付费时，我欣喜若狂。不仅是因为我可以研究出电视广告在推动品牌广告所起到的效果，而且就目前情况来看，通过这样一个在国内电视广告范围内具备直接推动力的宣传，只要网络用户一上 Google 搜索“庞蒂克”的话，我就可以看到最终结果。

困扰我的第一个问题就是人们会对这个导航采取什么动向呢？他们会在 Google 上搜索庞蒂克吗？或者他们更倾向于一些更为具体的搜索，比如庞蒂克 G6，这也是电视节目的主题。更加有趣的是，当你力劝人们上 Google 搜索“庞蒂克”时，他们把 Google 当成一个动词，或名词和动词的合成词。换句话说，人们是更多地在 Google（名词动用。——译者注）“庞蒂克”？还是在 Yahoo! 或 MSN 上搜索“庞蒂克”？

首先，我们分析了人们一旦以“庞蒂克”在 Google 上进行搜索他们接下来会做什么。从以往的经验中可以了解到，平均一个品牌（比如庞蒂克跑车）的 85% ~ 90% 的搜索量都应该是对其名牌的搜索。（其余的 10% ~ 15% 的搜索量可能会分散在评论网站、论坛和图片搜索等不同领域……）

广告首次播放，庞蒂克的搜索份额骤降到 66%，其中有 4% 的“庞蒂克”搜索量被马自达所抢占。但广告观众明显受到了宣传的引导，更多的用户选择在 Google 上搜索庞蒂克，而非 Yahoo! 和 MSN。尽管广告宣传的是庞蒂克 G6，但互联网用户搜索的仅仅是“庞蒂克”，庞蒂克 G6 在广告播放期间的搜索量与以往相差无几。

在广告和品牌的市场调研领域这些发现具有巨大的潜力，真正令人兴奋的是它有别于传统的市场研究，不需要事先设计一个调查问卷，然后找人回答并分析答案。我正在查看一份包含众多回答的数据集，而我所要做的不过就是提出正确的问题。

当我发现了更多像 Google——庞蒂克这样的例子并在我的各种演讲中与听众分享时，我越来越感觉到这些可观的数据集所具有的内在潜力。与会者在表达他们对数据的喜爱时变得更加掷地有声，他们在名片上写上“数据风暴”或“数据正当道”的口号。我不停地听到来自各小组的其他出席者对数据的“表白”——“我年轻时就对数据神魂颠倒了”。

离线世界与在线活动联姻

如何才能找出更多离线世界和在线活动之间的关联，我越来越感到迷惑不解，由于电视商业广告是找出这些关联最肥沃的土壤，所以我迅速地成为了一名“在线”瘾君子，令我太太极度不满的是，凡事我都要上网搜搜，一来二去，电视媒体如何转化为网上搜索行为便一清二楚了。

为了从目前所找到的影响规律中有所突破，我开始尝试从其他角度来进行数据研究。相对于苦等一个信息或商业广告的出现，然后再寻找搜索行为来加以证实的被动作法，我选择了研究搜索行为本身。通过查看热门的搜索词条，以及像政治或新闻这种分类网站的搜索词条，我在搜索数据中发现了有趣的信息，正是它让我阅读了《金色云杉》(*Golden Spruce*)。

在所有可以追踪搜索词条列表的网站中，最为有趣的当属维基百科。我们曾在第 7 章中详细介绍过这本公用的百科全书，书中收集到超过 7 500 万用户所撰写的文章，内容涵盖了几乎所有你想象得到的问题。在 Google 搜索结果主体中，维基百科也占据了首要搜索列表之一的地位。以下搜索词条传输着庞大的信息发送量，对此我总是饶有兴致，这些搜索结果正好代表着我们想要作更为深入了解的话题。维基百科搜索词条发送量的前 10 名以及那些主要的搜索(除了一年时间内带有不定期变动的词条，比如新闻报导或最新的名人八卦）竟然都在意料之中。

维基百科搜索词条发送量的前10名(截止2006年2月4日当月，不包括维基百科已标记的词条)：

1. 百科全书 (Encyclopedia)
2. 卡特里娜飓风 (Hurricane Katrina)
3. 性别立场 (Sex positions)
4. 中国新年 (Chinese New Year)
5. 数独库 (Sudoku)
6. 罗莎·帕克斯 (Rosa Parks)
7. 法国大革命 (French Revolution)
8. 亚历山大大帝 (Alexander the Great)
9. 本杰明·富兰克林 (Benjamin Franklin)
10. 马丁·路德·金 (Martin Luther King Jr.)

通过查看上述榜单，我可以告诉你它所列出的具体年月。因为致命的卡特里娜飓风在2005年8月登录，“卡特里娜飓风”就作为一个搜索词给了我们关于年份的参考，因此这份排行榜一定是在它登录那天之后制定出来的。“中国新年”是阴历的，时间在每年的1月和2月之间变动，但“罗斯·帕克斯”和“马丁·路德·金”在全榜单上占据如此之高的搜索量是一个明显的迹象，表明这是一个2月的排行榜，因为2月是黑人历史月。鉴于“卡特里娜飓风”在榜单上如此高的排名，说明它的时间一定十分接近它8月登录的时间，因此这是2006年2月的排行榜。

这是我最喜爱的搜索词条报告，所以我习惯每月查看一次维基百科的排行榜，回顾一下当月最火的季节性搜索主题。2006年6月的榜单再次表明，我们的在线媒体与传统媒体的联系是多么的紧密。

2006 年 6 月 7 日维基百科上最热门词条是“金色云杉”。

维基百科搜索词条的前 10 名榜单令我瞠目结舌。出现了一些我从未注意过的名称或事件，这极可能意味着我错过了主要的新闻题材或网络潮流。为了发现我所遗漏的内容，我打开了 Google 首页并迅速进行了词条搜索。在搜索结果中我发现了由作家约翰·威能（John Vaillant）撰写的非小说类文学作品，被称为《金色云杉》、《一个真实的神话》（*a True Story of Myth*）或《疯狂与贪婪》（*Madness and Greed*），讲述了一个环保恐怖分子为了表明他的强硬态度砍伐了一棵 300 岁的锡特卡金色云杉（Sitka Golden Spruce）的故事。这本书是在一年前 2005 年 5 月出版的，所以它的宣传不太可能是使它成为热门搜索的主要原因。

更进一步查看这些搜索结果，只得到了一个国内公用无线电台对这本书报道的链接，但时间还是不对。这种推测毫无意义。那一时期，“金色云杉”、“哈利·波特”和“大卫·贝克汉姆”这样的网站搜索词条常客一样，成为了搜索词条的王牌。

但是更奇怪的事情发生了。当时，在线百科全书超过 60% 的浏览量主要来自 Google 的搜索，但是当我同一时间查看 Google 的热门搜索词条时，并未发现“金色云杉”位列其中。我们还可以使用另一种工具，就是查看一个词条被搜索出来后用户会访问哪些网站，以及查看词条的出处来自哪些搜索引擎。2006 年 6 月，“金色云杉”仅占 Google 点击量的 4%，却在 *Ask.com* 上以 95% 的搜索量占据了搜索榜的榜首（此时 *Ask.com* 的搜索量占全部互联网搜索量的 3.6%）。

我们还可以查找另一个线索，就是在用户搜索之后浏览了哪些网站。维基百科排名第 2，排名第 1 的是电视广播公司网站的在线部分——*NBC.com*。国家广播公司网站上的搜索可谓海纳百川，但对那棵神秘的树却只字未提。我有幸见到了全球基础设施长官理查德·克兰 (Richard Crane)。同样，他对金色云杉的搜索也颇为不解，但通过追踪完整的网址，发现这些搜索都是在点击……从Ask网站到全国广播公司的网页对金色云杉的搜索都汇集到了一个在线的流动视频。

> 2006年夏，国家广播公司首播了他们全新的真人秀节目《财宝猎人》(*Treasure Hunters*)，三队人马根据线索穿越美国寻宝。在一个全新的商业结合中，国家广播公司与它的赞助商简沃瑟金融公司制作了一个在线游戏，互联网用户有机会根据一系列特别的网上线索赢得10万美元大奖。第一条线索仅仅是一段网上视频，鼓励网上的财宝猎人“前往金色云杉的土地”。屏幕上除了这个提示之外还给出了Ask网站的图标，这也解释了为什么那么多互联网用户用Ask网站的搜索引擎来查询“金色云杉”。

以在线竞争的形式赢得奖金和赌金的可能性足以引诱互联网用户从遥控器旁边移动到电脑键盘前来，也足以使其以超过16万的搜索量成为全球最大的百科全书里最热门的搜索词条。金色云杉正清楚地表明了这种力量。当我们整体的来看待搜索词条时，会发现有一个主题一直处于搜索的中心。当然，这个主题非“性”莫属。

第9章

数据套汇让你抢先商机

Women Wrestlers and Arbitraging Financial Markets

真人秀与数据套汇有何关系？
搜索量可以转化为人气指数吗？
基金公司、投资银行、亚马逊等在线公司如何运用网络数据去获利？
怎样抢先知道住房、就业和消费领域将要发生什么？
焦虑的房主如何知道市场上哪类房子正热销？
自己的房子在疲软的市场中有没有跌价？

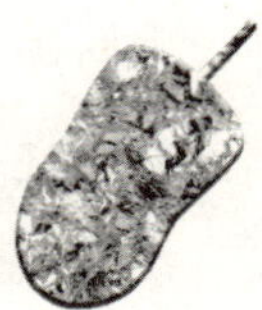

守口如瓶是奥赖利友营（FOO）的头条行规。在加州塞瓦斯托波尔举行的一年一度的集会，开创了非会议运动的先河。非会议没有一套事先设定好的主题讲话和议程安排，而是把这些留给与会者来决定，通常都会在会议开始时进行。通过这种方式聚集了众多奥赖利的朋友，而这位蒂姆·奥赖利（Tim O' Reilly），正是全球计算机用书顶级出版公司的创始人。

6月里一个暖和的日子，我前往参加宿营活动。我在当地的“利友”器材商店买了一顶帐篷。这一特殊的会议非常具有非会议的特点，大部分与会者都在奥赖利校园周围苹果园附近的草地里支起帐篷。虽然我很有空间感，但对支帐篷和找地方方面却不怎么在行。我没大注意到草坪上亮橘色的圆圈，当时我还猜想这些圆圈可能代表某种界限（因为圈内并没有帐篷，所以我才下此结论）。我把我那顶新的塞拉牌(Sierra Designs)(美国户外品牌。——译者注）的3人帐篷（帐篷肯定是专为小人国设计的）放到了圈外，我并没有看到圈中还画了一个鲜艳的“H”标记。

"H"标记在这里是特为拉里·佩奇（Larry Page）的直升机起降所准备的，我那顶帐篷支得实在不怎么样，本来就弱不禁风，经不起风吹草动。三十六计走为上，我挪到一处新地点，邻居正好是互联网界的智多星吉米·威尔士（Jimmy Wales），维基百科的创始人，他的帐篷就在与我隔两个人的正前方，米切尔·卡普尔（Mitch Kapor）和卡普兰（Shel Kaplan）帮我在这个更加安全的新地点重新组装帐篷。

我就像一个刚参加露营的孩子一样，对周围充满了好奇（当时的确如此），无话找话地跟另一位露营新手聊起天来。他叫迈克尔·西蒙森（Michael Simonsen），听说过我们公司，也对我们的数据分析略知一二。迈克尔的公司——阿普托斯研究公司（Aptos Research），专门从事收集网上的房地产信息，并以此数据资料去套取房地产市场的信息。在这里，套利才是关键词。当我们开始讨论是否可以把彼此的数据做成合集时，我一直在思考，能不能通过互联网应用来预测整个市场呢？迈克尔的话启发了我，实际上，我们并没有用数据预测过任何事，相反，我们都只是很幸运地拥有两组数据集，让我们能够看到在市场上正在发生的事情，比如住房、就业和消费领域，我们只是有机会先于别人看到正在发生的事情。

只需稍作区分，就可看出天壤之别，被视为算命巫术的艺术与直接套汇存在着很大的不同。预测包括假设和计算，以及为这两者所存在的潜在误差所预留的空间。而数据套汇，举例来说，就是利用人们在网上所做的事情（如在网上寻找一个待售的房子或居住地）与金融指标对网上行为的明确显示之间的时间差。两者之间的差距可以是几天或几周甚至几个月。时间越长，收益越多。

数据套汇怎样准确预测真人秀冠军

我第一次涉足数据套汇领域，是在2006年达拉斯酒店的房间里。那时我赴伦敦参加一个旅游会议，主要讨论如何通过使用有竞争力的情报数据来使旅行社、航空公司和宾馆酒店一条龙服务更有效地参与网上竞争。有时我觉得无法在寂然无声的环境中工作，需要一点小小的分心，于是打开电视，漫不经心地搜索着频道，想找一个不需要太多注意力的电视节目。正好调到ABC电视台播的《星随舞动》（*Dancing with the Stars*，美国ABC电视台推出的一档真人秀节目。——译者注）第二季决赛的第一节，就是它了。

我回过头来，继续准备翌日上午的发言，我需要做一张幻灯片，讲述旅游类别搜索的重要性，正当此时，灵感来了。我放下手边所有事情，看电视里那些决赛的选手们跳舞，我还听到节目主持人公布如何为自己最喜爱的选手投票。这个真人秀节目每周一期，由裁判为每个选手打分，分数从1分到10分不等。观众可以通过拨打1-800免费热线电话，发短信或登录该节目官方网站的方式为自己最喜爱的选手投票。虽然我没有办法控制裁判的投票，但我能看出，这个比赛实际上是对舞者人气的考验。如果测量某一产品、服务甚至个人的人气，所依靠的凭据是网民的搜索频度的话，那我使用的搜索数据就必须与观众的互动保持一致。

为了快速检验我的假设，我对上一赛季的3个决赛选手绘制了一幅图表，他们分别是肥皂剧明星凯利·摩纳哥（Kelly Monaco）、演员约翰·奥赫利（John O' Hurley）和男子团体的歌手乔伊·麦金泰尔（Joey McIntyre）。虽然这幅图所呈现的数据只围绕着一个单一的事件，但它还是相当令人惊讶的。

在图 9-1 中，凯利·摩纳哥的点击率几乎是第 3 名乔伊·麦金泰尔的 30 倍。突然感觉肾上腺素急剧增加，我立即放下旅游会议的报告，决定制作当前的赛季决赛图表。第二季的决赛在以下 3 位选手中展开，女摔跤手斯泰西·凯布勒（Stacy Keibler），裁判布鲁诺·托尼奥利（Bruno Tonioli）将其称为“杀人武器”，前美国橄榄球联盟（NFL）球员，广为人知的杰瑞·莱斯（Jerry Rice），以及男子合唱团体 98 度前成员德鲁·拉齐（Drew Lachey）。如果我的假设成立的话，我应该在比赛正式公布前就能够预测出比赛结果。我们的分析界面优点之一就是只要你输入参数，几秒后你就可以看到一个分析图表。

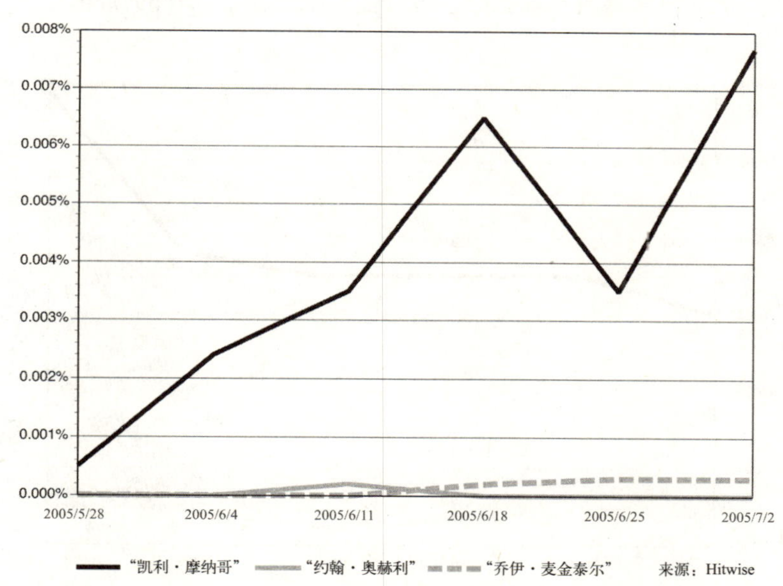

图 9-1　“凯利·摩纳哥”、“约翰·奥赫利”与“乔伊·麦金泰尔”的搜索量对比图

我可以为网络的任何类别、网站甚至是个人词条绘制图表，时间跨度长达两年。短短几秒过后，我的新图表——第二季参赛选手的搜索量图表（图 9-2）就出炉了。

就像第一季的图表一样，这幅图也相当引人注目。女子摔跤手斯泰西·凯布勒在搜索量中遥遥领先，几乎是第2名德鲁·拉齐的10倍。虽然我第二天上午的报告与真人秀和娱乐业无关，但我也决定无论如何都要让大家看看这幅图表。果然，幻灯片放到最后一张时，观众们的反应证明会议里不止我一个人看了昨晚的比赛。我对自己的预测非常有信心，于是就将这幅图表寄给了Hitwise的同仁们，以证明我们的搜索数据所产生的令人激动的消息。现在我所要做的就是等待，等待明晚最终的比赛结果。与此同时，最新显示的决赛赔率也让我倍感欣慰。尖峰体育(Pinnacle Sports)是一家境外投注网站，以1:2的赔率赌凯布勒胜出。也许他们跟我作了同样的预测。

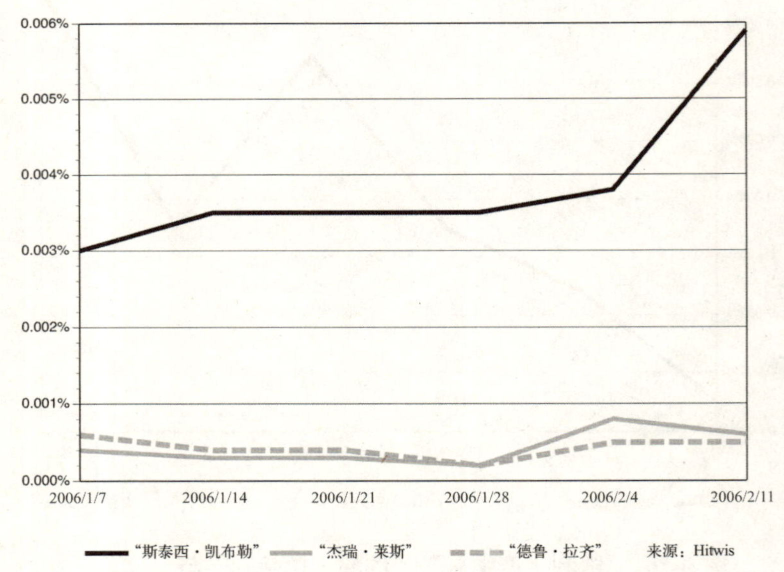

图9-2 "斯泰西·凯布勒"、"杰瑞·莱斯"与"德鲁·拉齐"的搜索量对比图

如果你看了之后的《星随舞动》节目，就会知道，我不仅预测错了，而且我的预测与比赛结果完全相反。斯泰西·凯布勒排名第3，德鲁·拉齐才是冠军，而杰瑞·莱斯屈居第2。次日早上，当我走进办公室时，我已经准备好了接受同事们的冷嘲热讽，作出这样公开的预测，没料到竟然与事实结果截然相反。然而，我却非常期待能走进办公室，因为我想知道我的预测为何如此离谱。

首先我得排除掉一些显而易见的因素。我做的这项预测只是通过公众取向获得的，而观众评分只占参赛选手得分的一半，另一半则由裁判打分，这是我所无法预测的（尽管我也可以学习交际舞的打分标准，以获得一个专业的评估）。还有一个问题我一开始也提出过，那就是用电话投票的观众，他们与在网上搜索的观众有所不同，也许二者之间根本就没有什么联系，而我之前所绘制的第一季的搜索图表也只不过是个幸运的巧合罢了。

事实上，我已经比自己想像的更加接近问题的本质了，这个问题就出在上网搜索决赛选手的那些访客身上。再次打开我的图表，我想知道到底是谁在搜索斯泰西·凯布勒、德鲁和杰瑞呢？到底是谁作出了这个决定呢？首先，我想考查一下搜索斯泰西·凯布勒的网络用户，看看他们的搜索方式是否能够提供一些线索。我使用了一个叫做搜索词条建议报告的工具，创建了一个含有“斯泰西·凯布勒”词条的全部搜索名单。决赛前的4个星期内，在网上对斯泰西·凯布勒的查询竟有超过400种不同的搜索方式。查看了一下搜索的前10名，我立即意识到问题的所在了。对这位变成舞者的长腿摔跤手的全部搜索，几乎都是在查找她的图片或照片。为了证实这一点，我又进行了下一步查找，去看看大多数有关“斯泰西·凯布勒”的搜寻结果。在用户查询斯泰西·凯布勒之后所登录的第一个网站，是女子摔跤手的官方网站 *www.owow.com*。一进入欢迎界面，下一个界面上就显示一个图片画廊，放映着女摔跤手的裸照。不难猜测，这样的一个网站是不可能针对典型的《星随舞动》观众所设置的。该网站的人口统计数据也证实了这一点。*owow.com* 的访客多是在 34 岁以下（52%）的男性（72%），也就是说，这里的访客并不会为斯泰西·凯布勒在舞蹈比赛中进行电话投票，而是更乐于看她的性感图片。

这一发现引领了使用词条量分析搜索的新时代。我们认识到，不能在真空的情况下分析这些搜索词条，如果网络用户搜索某一特定的产品、机构或名人的话，他们的搜索词有可能是由多种因素综合而成的。我们开玩笑地将这种查看搜索意向的新方法称为 SKCC，即斯泰西·凯布勒修正系数。

用我们的新方法再来看这些搜索意向中的各种因素，就可以准确地预测英国同类节目《邀你共舞》（*Strictly Come Dancing*）了。我们又接着准确地预测了其他几个真人秀电视节目。由于裁判没有投票权，比赛结果完全是由观众电话或短信投票产生，所以想要预测《美国偶像》那就更简单了。想预测《美国偶像》第五季冠军得主不费吹灰之力。泰勒·希克斯的搜索量超过凯瑟琳·迈克菲（Katharine McPhee）的程度，足以让你对迈克菲在决赛前的走光事件所产生的那些搜索量忽略不计。我把这一预测贴在我的博客上，然后又打电话给《今日美国》（*USA Today*）的娱乐记者，让她报道我的预测结果。我妻子笑着摇了摇头说："我猜你会有 50% 的胜算"。但我的搜索数据告诉我，这很可能是正确的。事实的确如此。

能否成功地说出真人秀冠军的名字，我并没有将其视为一种预测。更准确地说，我们是在使用套汇数据。如果对搜索数据分析正确的话，我们会看到，在实际投票得出排名之前，观众会对哪一位选手作以考虑。真人秀电视节目的这个例子非常有趣，对套汇数据来说是一个很有价值的学习经验，但是这一应用作为一种证明满足他们真实的目的，即搜索词条数据真的可以证明我们心中的想法。

网络搜索与失业救济金申请之间有何关系

早些时候我曾在这家公司有过一次套汇实练。初步了解了数据套汇的概念后，我就一直在寻找机会，深入了解一套跨越时空的统计数值。CNBC（美国全国广播公司财经频道。——译者注）广播播出了这样一组数据，是由美国劳工部（U.S.Department of Labor）发布的每周失业救济金申请人数。如果我需要找一组数据，那就需要时间来收集和报告，然而如果我用身边的实时新闻报道的话，就可以利用延时这一点来应用数据套汇了。劳工部的失业救济金申请范围涵盖全国各地，统计将在每周的周日截止，统计数据将在下一周的周四发布。而 Hitwise 市场占有率的数据每天下午进行更新，搜索词条数据每周的周一进行更新。

很明显，我在时间上比劳工部更占优势，但网上搜索与访问失业救济金申请之间有怎样的联系呢？当地政府失业办公室为失业者建档的做法已经过时。因为大多数州允许其档案员在网上完成文书工作。如果我能够在州政府的失业网站上找到足够的数据，就可以将它们集合起来，以群体为单位进行追踪调查。鉴于越来越多的失业资料在网上备案，通过追踪搜索“失业”一词的客户群体的消长，我就可以编辑一项统计量，以符合周四所要公布的周失业量。

但愿生活真的那么容易。然而这项计划也存在错综复杂的困难。50 个州中，我有其中 12 个州的失业网站的大量资料，幸好它们都是最大的失业网站，提供了足够多的数据，但在那些相对不太有名气的州，它们的失业数据却未被计算在内。其次就是季节性的调整和活动存在的问题了。一方面，由劳工部公布的这一广泛的数字是一个季节性调整的失业数字。这些季节性的调整是要解释劳动力再次发生的变化，像是重大节假日和学校的时间表等。当然，互联网的访问和搜索数据并未作过调整，所以它们要么和未作调整的数据一致，要么就得调整数据。另一方面，这一类富有经验价值的互联网数据其本身也存在季节性的波动，比如每年的申报要求，以及访问失业网站收集的税务资料。一旦这两个问题是被计算在最终的数据之内，就会出现一个每周失业救济金申请人数的领先指标，至少会出现一个检视指标的定向运动。

网络搜索所显示的数据，与劳工部所公布的实际失业救济金申请数字惊人地相似，虽然上图并没有反映出来，但劳工部的数字比网上的数字整整滞后了一个星期。在给 Hitwise 的对冲基金客户显示了这幅图表后，我决定再找一件事，再做一次更引人注目的预测。再次为另一项统计量做调查，以显示通过信息的套汇，互联网数据的力量已成为一个领先的指标。

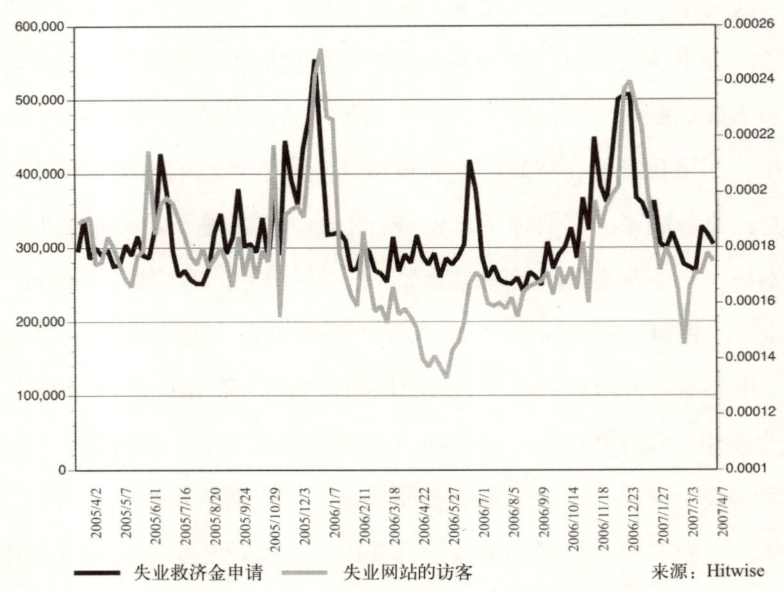

图 9-3　对失业网站与失业救济金申请的访问量

如何利用网络数据分析房屋成交状况

或许由于我在房地产界（我的父母均是地产经纪人）长大的关系，又或许因为我在加州经历过两次棘手的房产交易，像其他人一样，我对自己家房子的价值也不是十分清楚。所以很自然的，我将下一个目标锁定为房地产市场。

这次要比较的数字是成屋销售量，统计数字由全国房地产经纪协会（NAR）每月一次公布获得。在网络时代，几乎每个考虑买房子的人某种程度上都会先上网研究一下房产市场。访问像不动产（*realtor.com*）这样的网站，或访问当地的房地产代理商的网站，以便获得多重编辑服务的消费观点。如果买房的网络搜索计划更为普遍的话，那么网上数据就可能会成为其他预测工具（比如NAR所提供的售房数据）的关键所在。

与失业救济申请一样，成屋销售量也是一个需要花费时间来编辑的“硬”数字，但与失业救济申请不同的是，由于它每个月才公布一次，所以就提供了更充裕的筹备时间。用搜索词条数据的方法来深入观察成屋销售情况的话，会比预测失业救济申请更加复杂。我决定放弃使用房地产网站的访问量作为预测工具，因为这些访问量有可能受网上营销计划的影响。

换句话说，如果房地产网站想要吸引更多的网络用户的话，它们有可能在像Yahoo！或MSN的网页上投放广告，那么网络用户就有可能访问他们的网站，即使这些人并无意购房，所以网站访问量虚假的膨胀，并不一定反映了市场的真实需求。搜索词条则是另一回事。

如果互联网用户决定去搜索引擎搜索房地产信息的话，他们可能间接地被在线（离线）广告所吸引，然而对于衡量用户购买（或出售）房屋的兴趣，我们还有一个更直接的方法。我考虑在多种的搜索词条基础上创建一个复杂模型，以便找到一种能够形成房屋销售首要指标的组合。

在寻找应该把什么词条列入模型的过程中，我开始用 NAR 里面的数字对个人房地产进行比较。但首先要找到我所要绘制图表的关键词条，所以我列出了一张最常见的房地产词条名单（查找房地产类别前 1 900 名房地产网站，追踪为它们带来流量的全部搜索词条，这样我们就可以检查出关键词条是什么了。）效果并不理想。我绘制的第一个词条，也就是那周房地产类别里最热门的搜索词条——“售房”。该词条的搜索规律看起来与成屋销售量的起伏相当吻合。再查看其他的词条所显示的情况就没那么接近了。

我仍然还记得自己首次真人秀预言的不幸遭遇，所以对此次的“售房”预测我并没有急于求成。一开始，我先给 Hitwise 的员工发了邮件，然后才把预测结果贴到了我的博客上。但这一预测公布于世，在我还没缓过神来时，我已经被预约去参加节目了，去讨论我为 2006 年 8 月成屋销售量所做的预测，当时预测也在按计划顺利地进行。

在 CNBC 录音时，主持人问我如何看待 9 月房产销售的预测。由于我之前对这个问题有所准备，所以我满怀信心地描述了 9 月的数据，并表示我们最终会在成屋销售中看到一个趋向性的变化（数据从春季以来就急剧下降）。然而我并没有回答接下来的问题，“当下个月的数字公布之后，你会再来上我们的节目吗？”她在邀请我上节目，答案只有一个，“当然，我会。”

自从我在博客里发布了我的预测之后，一直到下个月公布结果之前，在这整整一个月的时间里，我满怀期待。幸运的是，州政府和个别县的数据公布通常都会早于全国性的公布。在我笔记本电脑里有一个公开的电子数据表，当9月的数据滚滚而来时，我每天都要将其更新多次。答案即将揭晓。

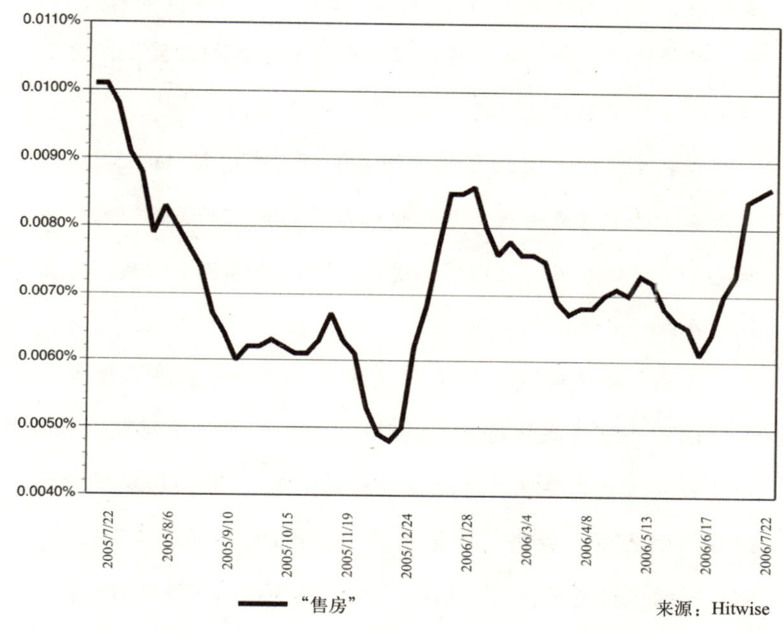

图 9-4 "售房"的搜索量

NAR 公布成屋销售量的这一天终于来临了，当天我正在曼哈顿处理业务。Hitwise 公共关系经理马特·塔萨姆（Matt Tatham）和我一起，在他拥挤杂乱的办公室里准备迎接两个很显然的结果：(1)我对了，这正是我对下个月的预测；(2)我错了，这正是我错的原因。这决定了我是否会在曼哈顿的某个演播室进行录像，而不是去之前的那间演播室。

在我们前往 CNBC 的办公室之前，我检查了前一周所收集到的所有经济学家的预测。他们一致认为，与去年的成屋销售量相比，今天的销售量下降将超过 2%。

再来说说我到达的CNBC纽约办事处的房间。这是一间驻外演播室，舒展想象的空间，像是一间扫帚橱。狭窄的空间里挤满了电视摄像机、背景幕布，还有一个为我准备的椅子。在接待处迎接我的那名工作人员把我带到了我的位置上，递给我一副耳机，然后迅速走出演播室，关上门。

当我坐下时，听到耳机里传来了简·韦尔斯（Jane Wells）的声音，感觉有点奇怪，就像她正在我的脑袋里说话似的。简是这个节目的导播，她能够通过房间里的摄像机看到我，现在她让我做一个快速的声检。

距离“查看时间”还有8分钟（我越来越熟悉广播术语了，很显然这是我距离直播的时间）。耳机里一片沉默。1分钟过去了，我的耳机里再次响起简的声音：“全国房地产经纪协会刚刚公布了数据，你错了。”我的心沉到谷底，“简，他们公布的数据是多少？”我问。“与前一年相比下降了0.5个百分点。”我的大脑快速飞转，我知道经济学家预测的平均跌幅大于2.5%，我的预测是出于方向上的转变。我能够想到的只有“简，我差一点就对了！”我不清楚原来他们播出得这么快，可是当我向下看录像监视器时，我的名字和头衔出现在里面，并在下面附上了我的话“差点对了”。哎！

坐在回去的出租车里，我一直在想：我在做最后的预测时究竟漏掉了什么？难道是我在分析“待售房屋”搜索时漏掉了什么因素吗？在过去的一年里，词条已经预测了成屋销售每一个方向性的转变。如果有一种定律可以取代我的预测的话，这一定是墨菲定律（如果什么都可以出错，它也会），但为什么是此时，为什么是此事。

一直铭记着《星随舞动》的预测教训，所以我对“待售房屋”的检测从不敢马虎，对过去1个月的任何搜索背后的有关资料我也竭尽全力去收集。当时，我们都知道在房地产市场中，甚至在许多市场中，买家和卖家之间都存在一个僵局。成屋销售量持续下降，但卖家并没有降低他们的房价来迎合买家，与此同时，买家或许也意识到了降价的趋势，从而也拒绝迎合卖家。

复查房地产类别中所包含的所有搜索词条，我的眼球突然被某一现象吸引，而这是我前几周从来未发现的。有几个与房屋售价毫无关系的词条在搜索名单上缓慢攀升。我又检查了网络用户在搜索过“待售房屋”所登录的网站，其结果又让我大吃一惊。自从我上次检查后，搜索榜单的前几名的排序发生了变化。全国房地产链锁机构和多重上市服务机构不再问鼎榜首，取而代之的是房地产 *voyeurism* 网站（提供最近的交易量并为房屋估价）。所以，就算在有关“待售房屋”的搜索量增加的情况下，在所登录的目标网站上发生的变化也许早在两年前就已有所体现，这些搜索并非由那些对买房有兴趣的买主产生，而是由那些焦虑的房主所产生的，正是他们想知道在自己的地区内究竟在出售哪种类型的房子，自己的房子在疲软的市场中有没有跌价。我再一次被斯泰西·凯布勒修正系数咬了一口。在互联网行为的基础所建立的首要经济指标方法，还只是刚刚起步，只不过是我们寻找套汇数据万里长征的第一步。

随着时间的推移，通过尝试深入了解网络活动对多种多样的现实世界的反映，已清楚地表明了数据永远都是正确的，但至于如何解释，还存在着意想不到的困难，从一点点收集搜索词条的观点，到了解搜索目的和购买之间或是投票与真实态度之间的差异，不一而足。

值得吸取的另一个教训就是：一旦涉及数据套汇，越简单越好。

我们在金融部门的客户，比如对冲基金、投资银行及金融研究公司，已经以最简单的形式运用网络行为的数据。在一次有关失业的套汇演练中，我想到一个简单的练习。如果一家公司专门在网上出售商品，并且在一个特定的时段内，他们并没有改变平均售价或商业模式的话，那么我们在金融季度里所记录的市场占有率的访问数据，就会与该公司的季度营收高度吻合。任何公司的股票价格都大量取决于该公司是否达到其季度营收预期。使用这些假设，再将我那简单的模式运用到像亚马逊、Overstock 等在线公司上。我们就可以完全直接预测这些公司的收入。然而，不可能明确无误的是，在猜测某一产品在市场的走向方面，一名商人所能得到的任何优势，都将成为一个非常宝贵的工具。

然而，数据本身可以是最有效的预测家，通过过滤所有我们获得的互联网用户样本，我们可以产生非常宽泛且清楚的结果。如果幸运的话，还有一些网民在最新的走势上扮演了带头人的角色。在一些趋势预测中，最好由一个精通技术的人开始着手，这个人将被公认为最有可能采用最新技术的人，即早期采用者。

第10章

创新跨越鸿沟

Finding the Early Adopters

新品种从诞生到完全被接受，花了近12年的时间，原因何在？
Google如何战胜Yahoo!、MSN等当时顶级的搜索引擎公司？
YouTube在短短35天里，如何做到从榜上无名到一鸣惊人？
波希米亚一族、才智双全者和青年数码英才的网上行为有哪些不同？

你想知道一项发明或创新是如何从一个最初的想法到最终被人们广泛接受的吗？比如 Google，最初成立时叫做 Backrub，它究竟是怎样战胜像 Yahoo!、MSN、Lycos 和 AltaVista 这些当时顶级的搜索引擎公司？如何从名不经传到拥有超过全美 65% 的搜索量？在硅谷，所有的商业计划及最近的风险投资是怎样实现的？是否同 YouTube、MySpace 和 Facebook 一样，找到了一种迅速突破瓶颈、扩大影响力的途径，很快成为该领域的市场佼佼者？只要我们找到通向下一项伟大技术的方法即可。

YouTube 悄然走红

1939 年的一个夏季清晨，上午 4 点，哈佛社会学家拜恩斯·雷恩 (Bryce Ryan) 正在赶往艾奥瓦州（Iowa）一块玉米田的路上，他满脑子装的都是扩散研究以及如何让观念及技术的传播遍及社会。雷恩似乎不合时宜地站在黎明破晓前的玉米地里，带领大家研究，如何改良玉米种子，如何从艾奥瓦州的两个县开始传播一种新杂交品种并遍及整个农场。

相较于传统种子，新的杂交种子有巨大的进步，预计玉米产量将超过 20%。毫无疑问，单凭常识就能判断出雷恩研究的这两个县的农民会立即种植新型杂交种子。而根据雷恩的研究可知，农民对新种子的接受并非朝夕之事，从新品种的诞生到完全被实验农场所接受，花了近 12 年的时间。原因何在？当雷恩研究这个问题时，他注意到实验组的农民率先接受了新种子。事实上，他已把农民分成了几个部分，各组是否使用新种子的决定，似乎都依赖于前一组的态度。在研究艾奥瓦农民的过程中，通过社会上采用了哪种新产品或技术，雷恩已经确定了一个进程。

埃弗雷特·罗杰斯（Everett Rogers）在研究艾奥瓦州杂交玉米种子推广结果的同时，也研究了其他新技术的传播，例如新的抗生素、手机和录像机。他把这称为“创新的扩散”（Diffusion of Innovations），并以此命名了他的著作。如果将产品生命周期内接受者的数量绘制成图，我们就会得到一条钟形曲线。通过分析图表，可以得到新技术所具有的特点，在使用标准差，从而罗杰斯确立了创新事物具有的 5 个关键环节。最左边的曲线是两个决定性环节，革新者和早期采用者，接下来分别是早期追随者、晚期追随者和滞后者。

从罗杰斯的曲线中不难发现，革新者从外界引入新思想到特定领域、引入新概念到市场方面仍然起着至关重要的作用。在新思想进入一个系统或市场时，革新者扮演着守门员的重要角色。而早期采用者就是使一个令人振奋的创新项目被市场广泛接受并称雄该领域的催化剂。据埃弗雷特分析，早期采用者比其他任何类型都更具意识主导风范。特别是当革新者在预见什么样的产品和技术会在某一个领域起作用后，早期采用者便能够明辨这种作用，因此他们的影响力成为创新推广的关键所在。

无数像杰弗里·摩尔（Geoffrey Moore）的《跨越鸿沟》（*Crossing the Chasm*）这样的营销范本和典型案例都被用来分析产品接纳的生命周期，制定产品的营销策略，以便使其有机会通过早期市场向最终决定成功与否的大众市场进军。早期市场营销策略存在一个重要的挑战，那就是你如何找到最有价值的那部分人？对他们的定位取决于你所要销售的产品或所提供服务的类型吗？

不同于杂交玉米技术长达12年的采用曲线（市场采用新型或创新产品的速度。——译者注），互联网，特别是迅速壮大的Web 2.0，很容易跨越革新阶段。正如YouTube这样从默默无闻到众所周知的视频工具一样，原本还处于早期测试阶段（产品开发中的Alpha或Beta阶段），突然就在短短的几周内追上，成为该领域的领军人物。

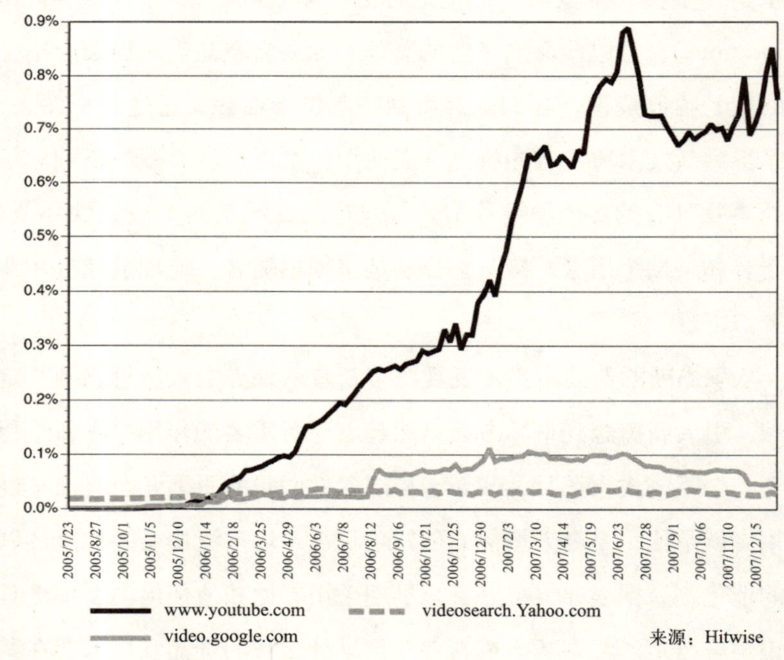

图10-1　www.youtube.com、videosearch.Yahoo.com与video.google.com所占市场份额对比

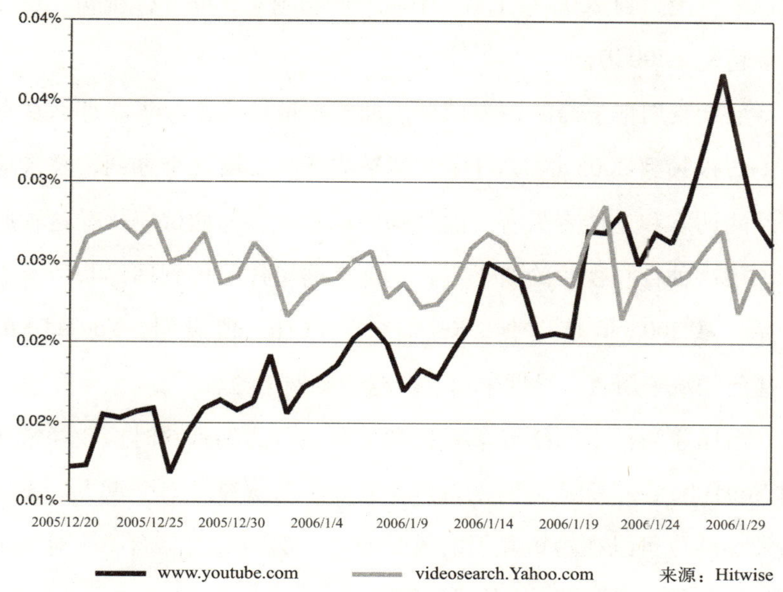

图 10-2 www.youtube.com 与 videosearch.Yahoo.com 所占市场份额对比

截至 2008 年初，视频共享网站 YouTube 拥有了在线视频平台。在 Hitwise 对全美 470 家各色多媒体网站的追踪中，YouTube 这两年持续在同类型网站中独占鳌头，访问量高达所有网站总和的 51%。

2005 年，YouTube 正式成立不久，就于同年年底推出了它的 Beta 版本，这是为了与互联网巨头 Yahoo! 视频及 Kazaa（点对点传播软件）进行对抗。而在此前的一个月，即 2005 年 10 月，YouTube 在 470 类网站中排名第 39 位，访问量只有 0.17%。YouTube 的崛起在于对不知名视频网站的收集，这既不用成年也不用累月，从榜上无名到无处不在只用了短短的 35 天。

最早上传到 YouTube 上的视频叫“我在动物园”，是一段在动物园的大象展览馆前发生的 18 秒的枪杀片段。数周后，即 2005 年 5 月，该网站正式进入公测阶段，YouTube 平均每天的视频点击量高达 3 万次。到 2006 年 1 月，YouTube 超越了 Yahoo！视频，日点击量超过 2 500 万次。

如果我们把上面的图表用罗杰斯的扩散曲线来分析，那么从首次上传视频到 2005 年 12 月中旬网站的蓬勃发展这个期间，登录该网站的访客和上传者最有可能是那些革新者。他们试着接受这种服务，用这种自拍视频的新奇方式，把这些短片上传到网站与所有人分享。从 2005 年 11 月到 2006 年 1 月 20 日这段时间，YouTube 的传播已经从革新者、早期采用者跨越到早期追随者了。

当描述为什么网络竞争需要利用有竞争力的资料时，我经常使用 YouTube 在早期成功时的周 / 日走势图来解释。当今世界，市场的领导地位可以在短短几天内风云变幻，那些公司怎么还能对周围激烈的竞争熟视无睹而固执己见呢?

直到 YouTube 成立一年后，我们才理解了 YouTube 的上涨图和罗杰斯的扩散曲线之间存在的联系。Hitwise 历史图表资料可以提供一种直观图，用于解释一种新型服务（如视频上传）是如何跨越罗杰斯在 20 世纪 60 年代所研究的那种阶段的。利用点击流（用户访问路径分析）来分析，会得到一份在访问该领域之前所登录的大牌网站的报告，或者我们还可以看到，互联网用户在访问 YouTube 前后分别登录过哪些网站，这样我们就可以理解这个新网站是靠什么来进行口碑相传了。

2005 年 10 月，通过 MySpace、Friendster、Xanga 甚至新出现的 Facebook 等社交网站所链接 YouTube 的流量已达到了 52%。在这个新的视频网站中，用户可以制作自己的视频（或上传受版权保护的内容），并通过网络视频界的革新者——中学生和大学生在网上社区来广泛传播。

短短一个月，YouTube 网站的用户访问方式就出现了戏剧性的变化。通过电子邮件（基于 Web 的电子邮件帐户，如 Hotmail 和 Yahoo! 邮件）链接该网站的流量超过了 17%，而社交网站的链接量下降到 30%。在 YouTube 网站上，一旦用户看了某个视频，他们会把该视频的链接方式以电子邮件的形式发给朋友。当早期采用者从革新者手中接过接力棒时，电子邮件就成为新网站得以迅速传播的工具，并吸引着早期主要访客的关注。

关于 YouTube 的迅速崛起，数据资料中隐藏着更多的线索。2006 年 1 月，除社交网站和电子邮件的链接流量之外，YouTube 网站上来自 Google 的点击流最为突出。早期的主要访客也是通过搜索他们听说的网站和热门视频才知道了这个热闹非凡的 YouTube。2005 年 1 月，通过分析查询到的高频搜索词，我们可以知道是什么点燃了早期主要访客的兴趣。围绕消费者生产媒体的大肆宣传，或是个人制作、上传的视频，但这一切都不是 YouTube 兴起的助燃器。

截至 2006 年 1 月 28 日，在当月 YouTube 上前 10 名的搜索发送量排名中，有 5 项模糊搜索都与 YouTube 相关（或查询该公司名，或 YouTube，或 *Youtube.com* 这个域名）。其他 5 项分别是第 4 项“懒惰星期日”（Lazy Sunday）、第 7 项“纳尼亚说唱”（Narnia Rap）、第 8 项“周六夜现场　懒惰　星期日”（SNL　Lazy　Sunday）、第 9 项“周六夜现场的纳尼亚传奇”（Chronicles of Narnia SNL）、第 10 项“周六夜现场懒惰星期日”（SNL Lazy Sunday）这些搜索都指向了同一个视频短片，就是美国国家广播公司（NBC）的《周六夜现场》制作，由克里斯·帕内尔（Chris Parnell）和安迪·萨姆伯格（Andy Samberg）主演的讽刺喜剧，《懒惰星期日》（从 2005 年 12 月 17 日到 2006 年 1 月 20 日，新上传的周末现场音乐短片《懒惰星期日》在 YouTube 上的点击量高达 500 万次。——译者注）。YouTube 在该片首映的同一周把它上传到网络。这部讽刺喜剧是一部音乐短片。克里斯·帕内尔和安迪·萨姆伯格的任务就是要让该片赶上电影《纳尼亚传奇》的收视率。

是谁给 YouTube 插上隐形的翅膀

现在，我们不仅弄懂了是什么推动了 YouTube 的发展，也可以预见被革新者（来自社交网站的访客）、早期采用者（通过电子邮件分享第一视频的访客）和早期追随者（搜寻特定的短片的访客）所接受的新网络技术将会有一个怎样令人振奋的前景。因为 Hitwise 资料库每 4 周保存一批网上用户的资料，并基于人口统计学和消费心理学进行分析，所以这很有可能促使创新扩散理论的进一步发展。把资料翻回到 2005 年 12 月至 2006 年 1 月的那几个周里，我们能确定哪类互联网用户组成了网络视频共享的早期采用者。

年龄、性别、收入和地区（州）这些基本的人口统计数据的结果并不出人意料。按年龄划分，最大的用户群是 18 ~ 24 岁的年轻人，占 39%，他们当中有 57% 的人年收入低于 6 万美元，25% 以上的人住在加利福尼亚州。在克拉瑞塔斯 PRIZM 市场细分法中，网站访客的心理数据为我们描绘了一个更为详细的早期采用者特征。

超过 5% 的网站访客是心理分析类型中的波希米亚一族，也是最大的用户群之一。克拉瑞塔斯把这一群体描述为拥有最自由的生活方式的流动都市居民。这些人很可能住在那些嘈杂的排屋〔即镇屋 (Townhouse)，这种房屋两侧都和相似的房屋相连。——译者注〕和公寓里，他们正是娱乐和技术的早期采用者。

发现潜在的早期采用者的特征让我们兴奋不已。我们又用相同的方法分析了许多其他 Web 2.0 网站，像照片共享网站 Flickr、社会书签网站（国内称其为“网址收藏夹”或“网摘”，互联网用户可以利用元数据收藏任何喜欢的页面，并与朋友们一起分享收藏。——译者注）、掘客（Digg）和美味书签（del.icio.us），并发现波希米亚一族大规模出现在这些网站上（同时他们渐渐从 Web 1.0 网站上消失了）。我们还发现其他两个用户群，与波希米亚一族同时出现在网络前沿，它们分别是才智双全者和青年数码英才。

波希米亚一族

通过分析克拉瑞塔斯公司收集的这三类人群的所有信息，并进一步了解他们的网上行为特征，我们能够清楚地知道谁是早期采用者。

波希米亚一族由美国 200 万个家庭组成。这类人群可能居住在城市，最有可能生活在纽约和旧金山附近。从各种调查和克拉瑞塔斯公司增加的部分数据来看，我们得知这组人群可能阅读《纽约》（*New York*）、《华尔街日报》（*Wall Street Journal*）、《风尚》（*Esquire*）和《纽约时报》。他们在布鲁明戴尔（Bloomingdale）、萨克斯第五大道（Saks 5th Avenue）和香蕉共和国（Banana Republic）这样的百货公司购物。这类人在艺术领域会取得很高的成就，比其他美国民众从事艺术工作的可能性高 3 倍，这也许就是“波希米亚一族”名字的来历。

他们往往也是时尚潮流的风向标，看数字时尚频道，并以开宝马迷你库柏（Mini Cooper）来标榜自己高质量的生活方式。这一生活取向很可能使他们更乐于尝试新的技术。所有这些特点集中在一起就组成了这样的一个人群，他们可能最早尝试如 YouTube 一类的服务。当所有的调查结果被搜集到一起，我们也可以查询数据库中上百万的网站，看看波希米亚一族在网上可能做些什么。

从上网表现来看，他们喜欢阅读在线新闻，喜欢登录电子报纸网站，如 *NewYorkTimes.com*（《纽约时报》网站）和 *SFGate.com*

(《旧金山新闻》网站)。调查数据并未显示出这类人也喜欢在网上赌博，会登录像 *Bodog.com* 这样的赌博网站和 *BetUS.com* 这类投注网站。就网络交流而言，这类人群已不止局限于 MySpace 和 Facebook 等目前主流的社交网站，他们更喜欢 Google 新推出的社交服务网络 Orkut（Orkut 是 Google 公司推出的社交网络服务。通过这一服务，用户可以在互联网上建立一个虚拟社会关系网。——译者注）和以媒体为中心的社会服务网络 iMeem。

才智双全者

与颇具艺术气质的波希米亚一族不同，才智双全者，也就是第二种早期采用者群体往往生活富裕，拥有高学历，适合从事法律、医疗或管理工作。跟波希米亚一族相同的是，他们也生活在城市，可能居住在纽约州里奇蒙县（Richmond County），但大部分都生活在加利福尼亚州的旧金山、圣马特奥和圣克拉拉（Santa Clara）。

才智双全者的品位更高雅，更引人注目。他们开梅赛德斯奔驰和宝马，在诺德斯特姆（Nordstrom）和内曼·马库斯（Neiman Marcus）商场购物。在网络方面，这类人群也读《纽约时报》，但他们更有可能浏览体育节目网（ESPN）而非时尚网。同样，他们更有可能在报摊翻翻《电脑世界》（*PC World*）或《个人电脑》（*PC Magazine*）而非时尚杂志。

才智双全者在网上真是名副其实，他们是股票经纪业网站，如嘉信理财（Charles Schwab）和美邦 (Smith Barney)，以及金融信息业网站，如 *TheStreet.com* 和 *MarketWatch.com* 的主要访客。相较于波希米亚一族，才智双全者对体育有更浓厚的兴趣，经常登录体育节目网（*ESPN.com*），哥伦比亚广播公司体育在线（CBSSportsline）和 Yahoo! 精彩体育（Yahoo! Fanstasy Sports）。他们也会访问如

United.com 这样的航空公司网站和“旅游顾问”这样的旅行指南网站，这表明他们也颇具旅游的爱好。也许网上赌博是所有网络早期采用者的通病。最吸引这类人群的网站之一就是提供体育博彩资料的《报道网》（*Covers.com*）。

青年数码英才

青年数码英才是这三类人群中最富有并且最精通高科技的人。他们生活在都市边缘，普遍具有高学历，并且种族混杂。据克拉瑞塔斯公司的研究，有 130 万家庭属于这一人群。他们大部分从事电脑行业，更喜欢香蕉共和国和 J Crew 这样的品牌，而不是像才智双全者那样追求高档次的购物需求。然而这种品牌意识的缺乏并没有转移到对汽车的偏好中去，青年数码英才可能拥有自己的奔驰、宝马或路虎，当然也可能是租借来的。

青年数码英才与众不同之处在于他们对促进互联网发展的兴趣，他们的网络行为也证实了这一点。青年数码英才访问顶级域名注册网站 GoDaddy 的电子邮件数量足以表明他们已注册了自己的域名。他们也是 Google 的忠实用户，唯一注册使用 Google 日历的人群，同波希米亚一族一样，经常在 Google 的社交服务网络 Orkut 上出现。他们也去体育博彩网站，如 *Bodog.com*，这方面的爱好三类人群不谋而合。

这三类人群组成了 YouTube、Flickr、掘客和美味书签等社交网站的早期采用者。一旦我们发现这些人群，并在调查数据和网上行为模式的基础上了解他们，我们便可以帮助客户设计网络营销方案。这个方案就是吸引互联网用户的注意，并让他们口碑相传网络的新平台，但更令人振奋的是该数据的应用还不止如此。

如果我们能像查找 YouTube 过往数据那样确定早期采用者的

特征，那我们就能把早期采用者群体集中起来并观察这类人群目前的行为。现有资料首次表明，早期采用者访问并可能传播的热门网站都有哪些。举例来说，上面我们确定的两个群体——波希米亚一族和青年数码英才最具代表性，或者说他们使用Google社交网络Orkut的频率高于其他互联网用户。尽管Orkut有母公司Google撑腰，但截至2008年1月，它在全美互联网用户在线社交网络访问排行中仅排第51位，市场占有率不足0.17%。尽管一个网站被大规模接受还受其他因素影响，但是早期采用者大量登录Orkut网站的事实告诉我们，Orkut比其他网站更有可能一鸣惊人。

我们也可以使用筛选分析的方法更准确地把握发展趋势。举例来说，为了找出这三类人群登录哪些网站的比例较高，我们缩小了娱乐—多媒体类网站的逆检索范围。通过对网站进行分类并用其他相关网站来解析娱乐—多媒体类网站，流行趋势呼之欲出。在2008年1月，我们可以看到全体早期采用者都普遍感兴趣于捕获YouTube正在播出的视频图像，以便该视频片段可以被保存成文件形式并随时播放视频而无须联网。

早期采用者也愿意尝试除YouTube外的其他在线视频网站，比如Veoh和维基百科Commons服务。他们自愿体验新服务，表示这一特定的互联网用户群在继续使用的主流网络服务的同时，还会不断找寻更好的网络。除了关注目前已改进的在线服务以外，早期采用者也愿意尝试新的社交网络模式。这类人群对尚在测试中的社交视频网站，如*Stickam.com*和*Webcamnow.com*尤其感兴趣。最后，我们也知道这类人群是互动娱乐和互联网整合的忠实用户，他们时常光顾像Yahoo! Bix这类结合了更多社交功能和更多在线竞赛娱乐内容的网站。这个网站上的用户自己录制视频并上传到网上进行比赛，其中卡拉OK比赛尤为受人追捧。

YouTube 的追随者

如果我们能够推测出罗杰斯扩散曲线图中的第二类人群，那么也应该能够区分图中其他几类人群。早期追随者是扩散环节中的第三类人群。根据罗杰斯的分析，他们思想开放，容易受同辈影响，与早期采用者不同的是他们缺乏主见、优柔寡断。早期追随者可能未必有早期采用者那样强大的市场影响力，但如果在访客类别中显示其存在的话，那么在早期采用者之后早期追随者的迅速出现将预示着网络的蓬勃发展。

与确定早期采用者的分析方法相同，我们返回到 Web 2.0 网站研究继早期采用者之后那一部分迅速崛起的人群特征。这是最有发展前景的一类人。他们也住在城市，但并不十分富裕，属于克拉瑞塔斯分类中的第 29 个族群——美国梦。如果说早期采用者代表了上层和中上层城市家庭，那么美国梦则是中产阶层的主要代表。与早期采用者相比，这类人群更具有种族多样化的特点。

在技术采纳过程中，美国梦的娱乐和购物行为使他们成为早期追随者的领军人物。他们大量消费计算机产品，同时也有兴趣尝试前沿科技，比如收听网络广播电台的流动音乐网站。他们的网络行为印证了克拉瑞塔斯所显示的数据，与青年数码英才一样，他们也喜欢电脑和电子产品网站。美国梦也访问主流之外的其他社交网站，如 hi5 和该领域的鼻祖 Friendster。

正如依靠对互联网数据的了解可以帮助我们预测互联网新技术的扩散，构建人群行为习惯起伏变化的健全模式也能够彻底改变我们的能力，这个能力就是推销新服务项目并追踪调查它的市场潜力。

创新的扩散理论研究还有第二种曲线，它揭示了新技术被采用的速度。如果将一项新技术的推广情况绘制成图，就会得到一个类似于一个S形的曲线。与采用者达到一定数量后，产品或服务的扩散过程突然加快相比，创新扩散的速度一开始总是相对缓慢。这个达到一定数量后的拐点也可以称为引爆点，这一叫法曾在马尔科姆·格拉德威尔（Malcolm Gladwell）的畅销书中提到过。

对新社交网络和视频分享网站的推广研究，仅仅是使用互联网行为数据预测未来趋势的第一步。这一理论同样适用于时尚界（用于确定访问当下时尚新潮流或制造商网站的人群），传媒消费行为的分析，甚至对新乐队或艺术家的引爆点（如何成名）进行预测。这正是下一章要所呈现给大家的，让我们跨越国界，到英格兰谢菲尔德的小音乐俱乐部去吧。

第11章

超级链接引爆在线流行

Super-Connectors and Predicting the Next Rock Star

如何引发网络蝴蝶效应，让无名小卒大红大紫？

在线社交网站是否破坏了邓巴的“150法则”？

为什么电子泼妇的好友多达1 645 873名，网站访问量超过2.5亿？

为什么第一个在线社交网站Friendster的成功令网站自身深受其害？

人气超旺的艺人是如何进行炒作的？

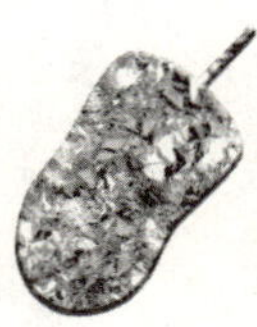

免费力量大

2003年6月13日，位于英格兰谢菲尔德三岔口巷上一个名不见经传的葡萄酒吧里，一支名为“北极猴”（Arctic Monkeys）的后朋克独立摇滚乐队正在进行他们的首演。如果说地理条件能为这支校友乐队带来任何优势的话，那他们真是选对了地方。有很多乐队都是从谢菲尔德这个小镇起步的，比如果酱乐队（Pulp）、戴夫·莱帕德（Def Leppard）、人类联盟、乔·库克（Joe Cocker）和孪生汤普逊合唱团（Thompson Twins）。

在这个仲夏之夜，人们齐聚迷你洋楼之上，这个场地舞台很小，乐器很少，几乎无法容纳60名观众。几首歌过后，观众对“北极猴”反响平平，于是乐队的一位朋友拿出了他们的CD样本，发给在场观众，推出一个免费的基层宣传活动。一些表演过后，乐队开始为歌迷演唱《谢菲尔德论坛》（*Sheffield Forum*），而就连艾里克斯·特纳（Alex Turner）（他们的主唱兼吉他手）都没背下的歌词他们的歌迷却唱得滚瓜烂熟。乐队还不清楚，他们的歌迷持续增长确有原因：他们在表演中发送的那些唱片样本已呈星星火燎原之势，逐渐蔓延开来。

“这里发生的一切真是不可思议”，特纳说道。“如果我说这是个‘奇迹’的话，听起来就像我在抽自己的嘴巴，但去年一炮走红实在不可思议，我们还得装得若无其事，当这一切全都发生了，我们就像是在想‘发生什么了？’我以前在一间酒吧工作，我真的很烦听到乐队对观众说‘我们在后面有CD出售，每张3美元’”特纳说。“你可能会想‘去你的，你以为你是谁？’而我们这次演出，观众们直接冲到台上，争先恐后地抢CD样本，场面相当轰动，我们都在想‘真TMD酷’。”也就是在2005年的美国巡回表演时，乐队在采访中承认，他们甚至不知道如何把自己的音乐上传到互联网。“歌迷们只是互相传递歌曲文件，根本没理会我们，因为我们从来没想通过这些样本赢利或怎么样。我们只是免费发放歌曲样本，这是一个能让歌迷们听歌的好途径。而且这对演出也大有好处，因为很多人都知道歌词并和我们一起唱。”

听到乐队成员讲述自己在当地窜红的经历，你会立即得出结论：他们的成功简直是个意外。他们的音乐很棒，然而免费的CD样本毕竟有限，以至供不应求。那么他们的粉丝是如何如雨后春笋般迅速壮大的呢？就像传说中的那样，歌迷们渴望与他人分享自己最新喜欢上的乐队，无意中创造了一种新的音乐传播现象。他们开始把CD中的音乐上传到网站上，让全世界的人共享。所以，是不是有一个虚构的第一歌迷，一个精明的高新技术的发烧友上传了乐队的音乐呢？至今这仍是个谜，但至少有一件事有迹可循，那就是在乐队表演的初期，一直有两个家伙一路跟拍。据特纳讲，他们还把乐队的歌曲上传到网上，让歌迷和潜在的歌迷免费听取。消息就此传开了。

“北极猴”在不知不觉中成为了这场名为 Web 2.0 新运动的暴风中心，这是一场以消费者生产媒体这一概念为前提的运动。评论、音乐和视频等其他内容的授权，从大型媒体出版商的手里转移到全新的消费者身上。在接下来的一年，一个网站会将互联网改头换面，从而领导一个时代精神的现象，这就是后来的新 MySpace 时代。

新 Myspace 时代

2003 年的夏天，在南加州汤姆·安德森（Tom Anderson）和克里斯·德伍尔芙（Chris DeWolf）将一些计算机程序员组成一个团队。与这些成员的结识始于他俩供职的 Xdrive 公司的文件共享机构。他们的目标是建立一个文件共享网站的新纪元。他们将文件共享网站的精华（*Craigslist*、*Evite* 和 *MP3.com*）粗糙地拼凑起来，结果就得到了一个这样的网站——允许用户在服务器上创建自己的主页、上传照片和音乐文件，最重要的是，可以邀请朋友链接、访问他们的网站，创建了一个在线社交网站。

据德伍尔芙称，音乐是 MySpace 早期成功的一剂灵药。“我们在 2003 年推出了 MySpace，邀请当地乐队和俱乐部的业主贴帖子，并允许其他用户成为他们的“朋友”……乐队成为了我们最好的营销工具。我们作为其实际的推广平台，所有的这些创作人也都成为了 MySpace 的宣传大使。人们想谈论音乐，从而为乐队建立起了一个自然的沟通环境。”为了确保 MySpace 能够大获成功，网站的创始人向社交网站（如 Friendster）具有号召力的关键人物递出了橄榄枝。其中之一便是一位名为提拉·特基拉（Tila Tequila）花花公子的“网络女孩”。她对 MySpace 的成功至关重要，而 MySpace 对她的成功同样不可或缺。

但是我们还是暂且先把提拉·特基拉的话题放一边，考虑一下当涉及到社交网站时我们应该谈谈什么吧。我们不妨从罗宾·邓巴（Robin Dunbar）说起。邓巴是一位英国人类学家，专门研究灵长类动物的社会化模式。他最著名的研究贡献是社会关系网，即所谓的“150法则”。据邓巴描述，这一观点是指在我们个体有意义联系中，存在一个自然发生的局限，而这一局限的数量为150。为了证明他的论点，邓巴开展了一项个人调查，即在以往的重大节日里人们都送出了多少张圣诞卡。调查假设，圣诞贺卡的名单就代表着一个人与我们的社交网站联结的近似值，邓巴发现有意义联结的平均值为153.5。不过，我们之间也存在一个精英群体，他们的社交网站规模远远超出了邓巴的150法则。马尔科姆·格拉德威尔在《纽约客》里描述过这样一位女士，收录在他那本具有里程碑意义的著作——《引爆点》（*The Tipping Point*）中。

本书中，格拉德威尔为我们介绍了一个芝加哥的老太太——芝加哥社区事务主任路易斯·维斯贝格（Lois Weisberg）。如果想要知道个人如何与广泛的社会圈子形成一个“小世界现象”，维斯贝格无疑是一个很好的例证。这种现象俗称六度分隔理论（Six Degrees of Separation），或者也可以被解释为在世界上的任何两个人想要建立联系，中间最多只需要六个人。而维斯贝格最特别的是，对于与他人建立联系，她有一种难以抑制的渴望。

格拉德威尔写到：（芝加哥）城市管理的中心……在芝加哥，路易斯绝对不是那种至关重要或举足轻重的人物。但如果你链接了所有构成芝加哥市政府、权力和利益集团的大型机构的节点的话，你最终会一次又一次地回到路易斯这里。路易斯是一个链接者。

不仅如此，最重要的是维斯贝格为什么要发掘并与这么多的人产生联系。“她并不是为了联络而联络”，一位熟人说。“我认为她只是很自信地认为全世界所有的人，无论他们与她是否认识，都已经在她的联络簿中，她所要做的就是弄清楚如何接触到这些人，然后她就能够联系他们了。”有一个例子能够充分说明维斯贝格是多么想要把人们联系在一起，她在全镇上下设置了300张乒乓球桌，以吸引各种通常不会产生交集的人，“商人、游客和孩子们在这个几平米的范围内进行友好的比赛，而当比赛结束后，这里汇集了大家留下的良好感觉。”

然而自格拉德威尔写了《引爆点》后，社会情况有所转变。由于在线社交网站的出现，那些依靠MySpace、YouTube和Facebook（以及无数的仿效者）模式生老病死的人，正如我们即将研究的这个群体，创建了一个链接者的新品种。先不管这些交友网站所产生的朋友性质和链接究竟如何，值得注意的是，这个新一类的链接者拥有的“朋友”数量竟然成千上万，甚至更多。

自乔纳森·艾布拉姆（Jonathan Abrams）在2002年创立了第一个在线社交网站Friendster后，该网站在它的用户中建立了一项病毒性的任务，即尽量积累大量的朋友。这一概念即是后来众所周知的“朋友圈”。然而Friendster的成功却令网站自身深受其害，到2003年年底，由于用户群和网络使用的扩大化，出现了一个不可预见的需求，即对网站的基础设施的扩大。由于对网站的性能越来越失望，用户逐渐抛弃了这一服务。正当Friendster人气下滑之际，一些其他的社交网站开始趁势迅速上位：Facebook、Bebo，以及最受人瞩目的MySpace。

突然间，邓巴的150法则似乎有些过气了。在MySpace上，如果发现一个人的朋友数量数以万计，甚至数以十万计并非罕事。在某种意义上说，在线社交网站的出现，既建立同时又启用了一项链接者的新品种。我们称这个新品种为“超级链接者”。

无名小卒如何摇身一变成巨星

单凭链接者数量这一项，路易斯·维斯贝格就轻而易举的证明了邓巴的150法则也会有例外。也就是说，她根本与超级链接者的典型——网名为提拉·特基拉的满嘴口臭的电子泼妇没得比。原名阮提拉的特基拉女士，是我写这本书期间MySpace上最红的人物，她的网页上的好友数目多达1 645 873名，而她的个人网页的访问人数超过2.5亿。

特基拉是被MySpace的创始人汤姆·安德森挖掘过来的，后者发觉到她在Friendster中扮演着关键人的角色。这没有什么难以理解的，特基拉在几次Friendster的“闪亮耀眼”（in-your-face）活动中脱颖而出。“我在2003年加入MySpace”特基拉回忆道。“当时网上一个人都没有，我觉得自己就像一个失败者，而所有很酷的年轻人都在别的地方。所以我就大量发电子邮件，大约有3万～5万封，叫人们过来，大家于是火速加入了。”通过她的网上联系，特基拉已建立起她的网络红人帝国，其中包括在有线电视主办的福斯网络“脱光跳完”（Pants-Off Dance-Off）上的表演，一家手机公司的赞助，一家服饰品牌的代言，以及一张A&M公司即将为其发行的唱片。她在MySpace发行的单曲“偷你的汉子”（F* You Man），仅仅通过MySpace传播的一首单曲，一展提拉·特基拉自我主导的世界，以试图使MySpace上的女性相信，她并不唯男人是从。

虽然没有人会否认，特基拉的网友既不是邓巴的150法则所讲的那类“朋友”，也不是路易斯·维斯贝格所建立的那些链接者，但是有一点非常明确，那就是她的走红，完全仰仗这些在网络上所取得的联系，而这些链接者也真的令她大红大紫，远非她的自吹自擂。

出于社会流行潮和引爆流行的目的，迅速崛起的在线社交网站，破坏了邓巴的150法则，并赋予了社会力量一个全新的定义，那就是影响力、流行、趋势。

现在让我们重新看看特基拉和维斯贝格之间到底有什么本质上的差别。传统上，前Web 2.0的链接者相互链接。对维斯贝格来说，她和她的链接者A都酷爱古董手袋，而她的朋友B，一位在芝加哥的旧货市场中经营老式手袋的生意人，他们之间的联系就会发生神奇的效果了。人们聚到了一起，出于共同的爱好、相互的贸易往来或只是浪漫的“我不知道是什么”，这就是老式链接者赖以交往的方式。

再来看特基拉：在MSNBC（全国广播公司有线电视新闻网站。——译者注）塔克卡·尔森（Tucker Carlson）主持的访谈节目中，当被问及她的成功时，她回应道：“我总是这样，无论何时何地，我总想吸引每个人的注意力……如果你知道你想要什么的话，结果就会来得更快。”当记者问她一天都做什么时，她回答：“我根本没时间睡觉，掌管这个世界并非易事。”那她一天在MySpace上花多少时间呢？“每天大约24小时。”换句话说，特基拉数以百万的链接者，实际上是她为追名逐利所使用的一个虚荣自利的工具。

然而对我们来说，这些超级链接者的出现真正令人激动的是他们像特基拉一样，生活和生意都在网上。正像格拉德威尔在《引爆点》中指出的那样，链接者已成为社会流行和趋势启动时的必要因素。现如今，超级链接者发挥同样的作用，但透过庞大的在线网络，他们的力量往往更加强大。

如果我们追踪这些超级链接者以及其余的在线社交网站的行为总计，我们就可以确定流行或趋势的早期阶段——我们就可以看到引爆流行。简言之，我们、生意人、摇椅上的人类学家以及时代精神的追随者，完全可以在离线世界中预测将来会发生什么，答案就在我们的眼皮底下——网络。

正如我们之前在第9章中提过的，就在数月前，我曾预言过英国热门的真人秀电视节目《邀你共舞》的一场真人秀国际标准舞的比赛结果。事情是这样的：用访客对各位参赛选手的查询量来作为衡量其受欢迎程度的标准，在搜索研讨会上，在200名Hitwise的客户面前，我曾预言板球队员马克·兰普拉卡什（Mark Ramprakash）会胜出。希瑟这次打电话来只是想告诉我，这次我没有成为别人的笑柄。看来只需对搜索行为进行分析，我们又一次准确地预测到真人秀的决赛结果。

但令希瑟更为兴奋的则是另一个预测方法。作为马尔科姆·格拉德威尔的热心粉丝，希瑟考虑着，如果链接者的活动与新趋势紧密相关的话，那我们就可以通过数据来看到超级链接者的活动总和，我们不就能够比其他人更早的预测未来趋势吗？

> 在2003年10月，正值MySpace推出之际，伦敦的一家小型的独立唱片公司——多米诺唱片公司（Domino Records）为“北极猴”发行了第一支单曲《我猜你是舞林高手》（*I Bet You Look Good on the Dance Floor*）。“北极猴”的第一支单曲一路飙升至英国单曲榜的榜首，完全未经任何一家主流唱片公司的任何援助。

就在“北极猴”首支单曲推出后不久，希瑟开始研究，一个相对无名的乐队在完全不靠大的背景所支撑下是如何一跃成为明星的。她开始研究在他们发行第一支单曲时乐队官方网站的访问情况。

当网络用户上网时，他们在所访问的网站上形成了一个访问踪迹。在我们收集资料的80万个网站中，通过其中任何一个网站，我们都可以看到用户们在查询前后所访问的那些网站。在我们的处理中，可以使用多项调查工具，但在这种情况下，MySpace 和乐队的官方网站的点击流（或用户刚刚访问过的那些网站）就掌握着发现这些超级链接者和其附属者集体意识的关键。

人们在谢菲尔德的葡萄酒吧外大排长龙的事开始在网上流传。上传的 MP3 文件，毫无疑问，都源自在谢菲尔德分发的第一张 CD 样本。MySpace 上的用户开始在他们的个人页面上贴出“北极猴”的歌曲。当像提拉·特基拉这样的超级链接者都开始在个人网页中收录“北极猴”的歌曲时，其他人的兴趣也瞬间被点燃了。

为了理解“北极猴”的成功，我们需要一个切入点来开始我们的分析。对预测真人秀节目来说，搜索词条的人气指数成效显著，而此时，它只是冰山一角。我们希望了解到，超级链接者对“北极猴”的成功产生了什么影响，而我们所要做的，就是为乐队的线上人格找到一个支撑点。值得庆幸的是，在当今音乐世界里，还没有哪个要强的乐队不设立官方网站的。乐队的网站“北极猴”（*www.arcticmonkeys.com*）就是我们的支撑点。

一个超级链接者如何对乐队的成功施加影响，只要看看用户是如何浏览到乐队的官网，这些数据资料自然会告诉我们这个秘密。就像蝴蝶扇动翅膀便能够影响全球的气候一样，一名谢菲尔德俱乐部的会员在葡萄酒吧里得到了一张 CD 样本，她从中上传了一段音乐剪辑到她的 MySpace 网页上，与此相似的，可能有人看到之后也做了同样的事情，便开始了一连串的连锁反应，从而将“北极猴”捧成了大明星。

音乐推广在“后北极猴时代”可谓是轻而易举。如今，除了成立了乐队的官方网站之外，大部分的音乐人都会在 MySpace 上创建个人主页。他们的个人网站上都会包括巡回演唱日程、图片以及能够在 MySpace 上播放的音乐文件。下一步则至关重要。聪明的乐队将会邀请 MySpace 上有影响力的关键人物——精选的宣传大使来组织“北极猴”的歌迷——或让超级链接者访问他们的网页，听他们的音乐再下载下来。用散弹枪的办法，只需几个关键用户的影响力，便可以吸引到数以千计网友的注意力。当这些用户将乐队的音乐上传到网站，供他人分享时，围绕乐队所进行病毒式的传播社交网站就此产生了。这就像一个顶级导演启用一个个未经考验的作家的剧本，绝对是一个 21 世纪的版本。

从某种程度上来说，他们上传的在线音乐越多，他们的 MySpace 网页的访问量就越多，谈论他们的人也就越多，甚至超出了社交网站这个区域，遍及到世界各地的音乐爱好者。互联网用户访问博客和主流的乐迷网站，获取这支新的英国乐队的最新消息，再上搜索引擎去查找更多有关艺术家的消息和他们的音乐。像我们的真人秀参赛选手一样，“北极猴”的搜索日益增加，说明他们的人气也在节节攀升。

娱乐产业如何找寻水晶球

再回到乐队网站的点击量上，当主流互联网用户继续寻找更多他们的歌曲和表演时，从搜索引擎链接到网站的访问量要超过从流行的社交网站链接到的访问量。而引爆流行就存在于这两个访问来源的交叉点上。

唱片公司要签一个新人的话，可能会凭借他们的直觉。有些人可能会凭借市场调查，甚至一些运算法则，如音高、音色、音调和节奏来挑选热门艺人。在今天这样一个拥有超级链接乐迷的时代，隐藏在冲浪习惯背后的音乐爱好者们，揭示出了一个艺人潜在人气的秘密。

乐迷们从 MySpace 和其他社交网站链接到的乐队官方网站，其中那些可以观察到的访问行为，就是娱乐产业一直在寻找的水晶球。

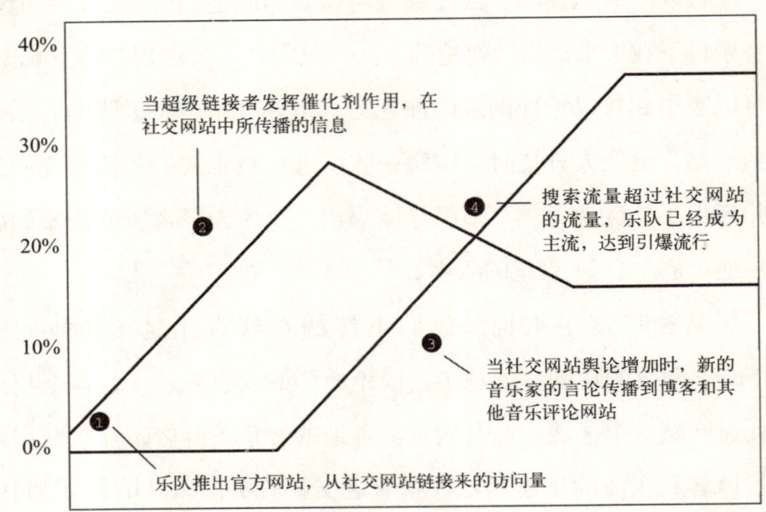

图 11-1　寻找在线音乐家的引爆流行

通过一些新的乐队对我们的理论进行测试，并查看了在社交网站、搜索访问与我们对未来明星的预测能力之间反复出现的交替现象，我们的下一步研究是非常合乎逻辑的，即将获得社交网站访问量最多的那个乐队作为预测未来明星的第一步。

第一次在 MySpace 音乐上看最受欢迎的前 20 名乐队时，我吓了一跳。我觉得这是一张混合了有天赋的新人与传统老将的榜单。我为每个乐队网站的搜索量和访问量都绘制了一幅图，我发现对每位音乐家来说，当他们推出了新专辑，展开巡回演出时，这个所谓的引爆流行，并不会只发生一次，而是在其整个职业生涯中发生数次。

当然，有时候数据的发现只是些偶然因素。考虑到希瑟的发现，我开始寻找一些类似引爆流行乐坛的其他案例。沿着旧金山的市场大街一路往下开，一间本地的“侯爵”俱乐部引起了我的注意，这里正在宣传一个乐队——“打倒男孩”即将演出的消息。

我之前见过这个乐队的名字，他们的官方网站在我们乐队类排名中名列前茅。如果我没记错的话，它就是在 MySpace 音乐网站中访问量最大的乐队。

“打倒男孩”又称“坏小子”,是一个芝加哥流行朋克（pop-punk）乐队，2001 年成立于伊利诺伊州的郊区小镇威尔梅特（Wilmette）。“打倒男孩”的风格，经常被描绘为情绪硬核“Emo”，这是一个影响摇滚乐的朋克风格，人们普遍认为源自 20 世纪 80 年代和 90 年代的 D.C. 硬核。Emo 这一名称来自于“情绪摇滚”一词，表现乐队在表演期间善于制造情绪爆发。

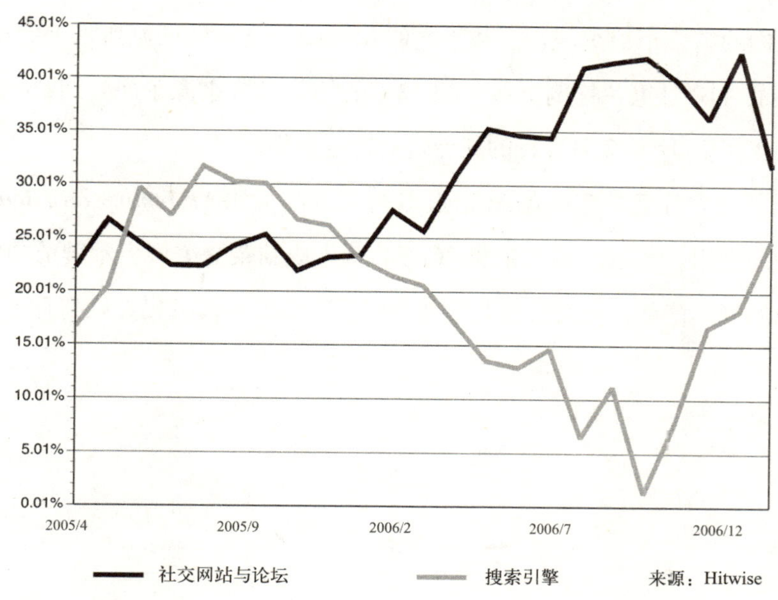

图 11-2　访问社交网站与搜索引擎类别的市场份额

尽管这个乐队并非家喻户晓，但在 2005 年，他们的第二张专辑《软木树下》（*From Under the Cork Tree*）在美国告示牌（Billboard）

专辑排行榜上名列第9。2007年2月，他们又推出了新专辑，然而就在这两张专辑发行的空档期间，乐队的人气开始下滑，乐队网站的访问量也从前5名跌至2006年10月的第410名。

在乐队人气触底期间，在Hitwise的音乐、乐队和艺术家类排行榜上，他们的排名也滑落至两年来的最低点，搜索引擎中关于“打倒男孩”的搜索和访问量也是如此。但还有一件事却引起了我的注意，通过社交网站链接到乐队网站的访问量却一直居高不下。超级链接者的舆论一直围绕着乐队，而他们即将推出新专辑更是达到了白热化。

直到2006年10月的最后一周，通过社交网站链接产生的访问量已经达到了顶峰，而就在最近还在下滑的搜索引擎流量也出现了急转回升。而写在墙上的这份宣传，正标志着“打倒男孩”开始了他们的第二个引爆流行。基于类似MySpace这样的网站所带来的访问量（10月里“打倒男孩”的42%的访问量皆来源于此），我预测乐队在2007年2月发行的新专辑必定是销售冠军。

几个月后，乐队的第三张专辑《至高无限》（*Infinity on High*）一经推出，便以一周内销售26万的骄人成绩荣登美国告示牌前200名的冠军榜首，在发行当月便如日中天。在后专辑时代算烧高香了。

术语表

所有类别 (All Categories)：包括 Hitwise 追踪的 172 个行业类别。应用于图表中，“所有类别”是指与 Hitwise 数据库内的全部网站访问量相比，一个网站或类别的访问量所达到的市场占有额。

所有网站 (All Sites)：包括美国网络用户对 Hitwise 覆盖的除成人网、网络服务提供商及广告系统之外的 172 个行业类别内所进行访问的所有有网站。

点击流 (Clickstream)：这是一项报告，详细说明在访问某一网站或类别之前用户所访问的网站和类别，以及在访问相同网站或类别之后用户所访问的网站和类别。

人口统计分析 (Demographicx)：指将某一网站或类别的访客按照性别、年龄、家庭收入及地理分布状态进行分类的方法。

市场份额 (Market Share)：由个人网站所接收的对某一在线市场部门的全部访问及网页索阅的百分比。

马赛克 (MOSAIC)：一套地域人口统计细分系统，基于单独的行为特征，将美国人口分成 12 个群体及 50 个类别。

PRIZM：克莱瑞塔斯基于人口的地理分布所研发的一套统计细分系统。PRIZM 分类法还用于代表两类群体即生活方式和社会群体，皆属于复合 PRIZM 分类法。

心理特征分析 (Psychographics)：一个基于个人行为、信仰及独立的人口特征进行个人分类的系统。

搜索词条宽度 (Search-Term Breadth)：与某一特定时间内的具体搜索词条数目相比，搜索词条宽度是指包含某一具体词条或词组的词条数目。

用户访问 (User Visits)：不活动状态不超过 30 分钟的访客提交的一系列网页查询，可由独特的识别软件通过一组网页查询识别。

搜索量 (Volume of Searches)：与在一特定时间范围内的所有搜索相比，搜索量是指某一特定词条或词组的搜索数量。

后 记

What Millions of People Are Doing Online and Why It Matters

Click

我们是谁？这重要吗？

隐藏在这些数据中的故事以及我尚未发现的故事仍不计其数，有时这会让我不知所措。本书中收集了许多关于数据的截然不同的故事：访问成人娱乐网站和赌博网站，还有流行的舞会晚装，女子摔跤手，还有“北极猴”乐队。把这些都集中在一起意味着什么呢？

找寻不同主题之间的关联或收集关于某一特定主题的观点的想法可能来自不同的资源。对我来说，让我产生这种想法的通常是背景资料——我听广播或看电视得来的资料，或是偶尔听到的只言片语。

一天早上，我正在整理东西准备去上班，我打开了身后的电视，听到了一则普拉克索（Mirapex）的商业广告，它引起了我的兴趣。这种药用于治疗最新发现的医学疾病——多动腿综合征（Restless Leg Syndrome，简称 RLS）。美国国家神经紊乱研究所对多动腿综合征下了定义——以“腿部出现极度的不适感，迫使患者不停地移动腿部来缓解这种不适感”为症状的神经紊乱。由于我经常习惯性地轻轻跺脚，所以不相信会有这样的症状存在。但同时，我也禁不住问，自己是不是也患上了这种疾病。

当我扭过头不看电视时，又从录像带里传来一段相当有特点的旁白——如果你染有毒瘾，这种药物并不适合你。

啊？我不得不按下数字录像机的后退键，以确认我刚才是否听错了。几分钟后我登录了Hitwise工具，试图找到多动腿综合征与网上赌博之间有无正比关系。很遗憾，我找不到赌博网站访问量的增加与“多动腿综合征”的搜索量有何相关性。于是，我回到医学研究的文献资料当中。当我试图找到关联时，我发现约翰·霍普金斯（Johns Hopkins）的一项研究已经建立了药物和强迫行为之间的联系。

当继续在网上做调查时，我发现了一个有趣的机会，它能够让我获得更多的分析资料。调查研究发掘出几位这种新疾病的疑似患者，其中一项研究提出了一个独特问题——媒体对这种新疾病的报道是否会让我们得病（或者说让我们以为自己得病）？

“多动腿综合征”搜索量的图表显示，美国食品药品管理局批准罗匹尼罗(Requip)用于治疗多动腿综合征之后，该词的搜索量大幅上升。由于事前就想着我跺腿的毛病，我又绘制了一张搜索“多动腿综合征”症状的图表(如“晃腿”)，想看看在那则治疗该病的药物广告播出之前是否有人做过这样的搜索，结果是没有。

我没有找到决定性的数据证明药物公布和疾病意识之间的联系，但是那天早上快速上网查找事物之间的潜在联系——这一行为让我想起了网页浏览和搜索行为背后的价值。在这个例子中，媒体报道这种新疾病的新药物并没有增加这种药物的搜索量，倒增加了这种病症的搜索量，这就证明在新闻故事和商业广告中传播的信息会以某种方式促使我们对网络做出回应。这些数据让我们开始关注反馈回路。

我们生活之间的联系日益增多，我们被众多渠道（电视、印刷品、广播以及因特网）发布的新闻和信息所轰炸，有些对我们有用，有些却毫无用处。正如在多动腿综合征的那个例子一样，当我们通过与信息来源相互作用来对那些信息作出回应，就会变得越来越有意思。我们会对什么样的信息作出反应？会作出怎样的反应？把这两个问题结合起来，就会了解是什么在影响我们。

从商业角度来看，反馈回路的使用乃无价之宝——从简单的战略规划到网上商品宣传，例如舞会晚装和订婚戒指，还可以用某乐队官方网站的社会网络信息流通量的图表把马尔科姆·格拉德威尔的引爆点具体形象化。

通过与搜索引擎（例如Google）就我们的恐惧进行虚构的对话，因特网可以使我们更多地了解自己，或者了解我们不清楚的事情。除此之外，因特网使用数据还可以让我们大规模地了解更多理论，例如布赖斯·瑞恩在艾奥瓦州的玉米地里感受到的创新扩散理论。现在，我们可以看见这样的扩散也在网站间蔓延，例如YouTube、MySpace和Facebook，甚至可以识别每个在社会中传播科技的组织成员。

但是让我们回到这些资料为何重要这个问题上来。过去的4年里，我在对因特网行为方式的观察研究中发现，因特网正在改变我们体验世界的方式。

先要知道我所说的变化，不要再绕远去看报纸新闻了。如果把你的时钟拨回到90年代中期，我们大多数人都在早餐的餐桌上看报纸新闻。当我们翻开早报，里面的内容对我们来说就是新闻。晚上，我们又看当地和全国的电视新闻报道来补充早上看到的新闻信息。可是，就算我们整天盯着电视，除非是全国悲剧、暗杀行动或者其他发生的新鲜事，否则我们很少能在事件发生那一刻就看到新闻。

今天，因为新闻网站、RSS 新闻馈送和博客，我们有能力收到所有我们想知道的新闻，而且是按照我们想要的格式从符合我们需求的地方得来的——台式电脑、笔记本电脑，还有可以上网的手机，例如 iPhone 手机。我们大部分人都是“有线”的，所以当我们翻开当天的早报，大部分的内容都已成旧闻，因为我们在前一天下午和晚上就已经知道了。

因特网对新闻产业的瓦解并未就此结束。分类广告曾是报纸的主要收入来源，但现在已无法和同类网上分类广告相竞争，比如美国的分类广告网站 Craiglist，也无法和易趣网上交易的买家和卖家所形成的巨大市场相媲美。甚至连讣告也把报纸淘汰出局了，因为像 *Legagy.com* 这样的网址提供了已故者的搜索数据库。最后，新闻内容本身也不再为新闻编辑室而保留了。公民新闻业（公民通过大众媒体、个人通讯工具，向社会发布自己在特殊时空中得到或掌握的新近发生的、特殊的、重要的信息。——译者注）的崛起证明了报道新闻已不再是报纸的专有领域了。新闻产业的变化才刚刚起步。当我们与来自电脑屏幕和我们指尖的信息继续交流时，我们生活的方式也将改变，不管是购物、作决定还是交朋友。

当企业适应市场并迎合其不断演变的需求时，对我们的变化方式作以了解，这将对商业成功至关重要。网络用户每天上网做什么？他们的所作所为将如何改变明天、下个月抑或是明年？如果你不知道答案，那你唯一的办法就是靠猜测或运用前信息时代的传统商业规则。

为什么分析人们的集体网络行为如此重要？原因不外乎了解我们自己，了解我们如何不断地去适应这个日益变化的世界。简单说来，如果你想了解这个联结紧密的新世界，想了解我们如何选择在这个世界里生活，只需看看我们的网上行为。毕竟，我们点击的就是我们自己。

致谢 Click

What Millions of People Are Doing Online and Why It Matters

如果你有机会到寒舍看看，就会立即发现我对书的偏爱几近痴迷。尽管爱妻劳瑞（Lori）也有藏书，但她仍惊诧于我的嗜书如命。房间里摆满了书，本该放书的书架上、床头柜上、不该放书的厨房里，每个可能见缝插针的角落里，全都堆满了书。我喜欢书，但在《在线为王》的创作过程我却逐渐意识到，在我对印刷品贪得无厌的消费中，我以前对书真的是太不予重视了，以为理所当然。殊不知将一个东西从概念演变为一个成品，其间要花费多少优秀人才的心血。借用非洲谚语“要动用一村子人才能写一本书”。

《在线为王》一书源于我在Hitwise的工作。对我来说，很难把Hitwise想象成一家公司；我把同事们视为延伸家庭中的一部分，遍及五洲四海。很幸运能拥有泰萨·考特（Tessa Court）作为我们Hitwise内部业务督导，同样幸运地与安德鲁·沃尔什(Andrew Walsh)和克里斯·马厄共事，是他们促成了此书的完成。对Hitwise的分析师，无论是过去的还是现在的，我都深表谢意，他们是布瑟·霍普金斯（Johns Hopkins），为我写作“引爆流行”一章带来灵感；黎安·普雷斯科特，最先发现舞会晚装现象；还有罗宾·格德（Robin Goad）、希瑟·多尔蒂（Heather Dougherty）、桑德拉·汗查德（Sandra Hanchard）和伊娃·斯特林格曼（Eva Stringleman），他们是我永不干涸的灵感源泉；特别感谢我们媒体公关的领导马特·塔塔姆对此书得以面市所提供的帮助。

若不是我幸运地遇到了最优秀的文稿代理人之一——Trident 传媒集团的梅利莎·弗莱什曼（Melissa Flashman），这个写书的计划恐怕永远不会成为现实。梅利莎对《在线为王》的激励既让人振奋，又极富感染力。作为一个新人作家，能邀请梅尔作我的代理人相当于中了头彩。

我清楚我们为《在线为王》找对了家——Hyperion 出版公司。在此感谢鲍勃·米勒（Bob Miller）和埃伦·阿奇尔（Ellen Archer）热情地接受本书的概念，指导我的写作内容。感谢格雷琴·杨（Gretchen Young）为我指明方向，她的工作颇有创见性且考虑周全。感谢贝丝·格伯哈德（Beth Gebhard）和亚历克斯·拉姆斯特姆（Alex Ramstrum）组织了非常棒的宣传活动，也感谢简·科明斯（Jane Comins）和莎拉·洛克（Sarah Rucker）和她的团队。瑞克·威利（Rick Willett）为《在线为王》进行了简单的修改编辑，校正了我的语法和拼写错误，将原稿变得了可读、易读的文章，他完成了这份单调乏味的工作，理应受到特殊感谢。同时也要感谢伊丽莎白·赛博（Elizabeth Sabo），她是我在 Hyperion 团队中的救生索。

当然，在我创造此书的过程中，受到了许多朋友的鼎力支持。感谢我的办公好邻居和午餐同伴卢克·麦克吉尼斯（Luke McGuiness），他总是一个志愿的宣传者。本书

第 1 章的标题要归功于拉斐尔·索利亚（Rafael Zorrilla），PPC 在网络营销中有专业的术语，但拉斐尔为它做了自己的定义，经过他的允许我得以借用。还要感谢戴茜·惠特妮（Daisy Whitney）在本书写作过程中给予的灵感及喜剧性的穿插，谢谢我的周六自行车小组——公鸡队（比尔、吉姆、约翰、布鲁斯、诺曼、蒂姆和格雷格），允许我落在队伍后面，以便可以思考自己接下来要写些什么。

我会永远记得我家人给予的巨大支持。感谢我的父母马蒂（Marty）和希拉·唐瑟尔（Sheila Tancer），他们总是支持和鼓励我，让我竭尽全力，感谢我的岳母波莱特·明登（Paulette Minden），她的积极乐观是《在线为王》持久不变的灵感源泉。

最后，在我完成《在线为王》之际，我觉得真的有必要为作者的伴侣或其他重要人物成立一个后勤服务中心。我谨以此书献给我了不起的妻子劳瑞，当我让她坐下并宣布自己要写书时，她没有退缩。体念到这一点，你就会料到我过去那些半途而废的想法。在写作过程中，劳瑞始终陪伴着我，耐心地承受着我写作时的喜怒无常，没有抱怨我没完没了的舞会晚装话题和问题。在我疲惫不堪，写不下去时，她又充当了训练官的角色，督促我前行。感谢她一路走来对我的陪伴，给予我灵感，也给我“一些空间”，帮助我推出《在线为王》。

第一部完全根据第一手报告和原始档案写成的
中情局荣辱史

两度普利策奖得主 蒂姆·韦纳 著

杜默 译

海天出版社

半世纪以来的世界动荡，有不少是CIA闯的祸！

珍珠港事变爆发让美国警觉到整合全球情报的重要性，中央情报局（CIA）在此思维下诞生，但创建前后始终充斥着政客、军人的多方猜疑与角力，加上美国素来欠缺谍报作战的经验，先天种种不良，注定CIA成事不足的命运：

★ CIA在世界各地进行渗透、颠覆、政变、暗杀等各种伤天害理的秘密行动，违反美国自由和民主的立国原则；

★ CIA的核心任务是“告知总统世界形势”，但多数任务都以失败而告终；

★ 朝鲜战争、中东战争、苏联解体、伊拉克入侵科威特、“9·11”事件，CIA全未料到，无法防患于未然；

本书是《纽约时报》记者蒂姆·韦纳阅读5万多份中情局、白宫和国务院秘档，2 000多份美国情报官员、军人和外交官的口述历史，以及300多份中情局官员与退休人员（包括10位中情局局长）的访谈写成的中情局史。

本书所言斑斑可考，没有匿名消息，没有盲目引述，更没有道听途说，作者钻研情报新闻20多年，调查精辟，笔锋犀利，让中情局60年的罪与罚昭然若揭。

美国国家图书奖：非小说类最佳图书

美国国家书评界：2007年5本最佳非小说类图书之一

《时代》：2007年十大非小说类图书

《华盛顿邮报》：2007年最佳图书

《纽约时报》：2007年100本最重要的图书之一

《经济学人》：2007年最佳图书

《波士顿环球》：2007年最佳图书

《洛杉矶时报》：2007年最佳图书

亚马逊书店：2007年十大最畅销图书之一

亚马逊书店：2007年读者最喜欢的100本图书之一

《沙龙》：2007年十大最佳图书

《明尼阿波利斯晨报》：2007年最佳图书

《匹兹堡公报》：2007年最佳图书

《盐湖城论坛报》：2007年最佳图书

世界上最权威的大众谈判读本

〔美〕赫布·科恩　著
谷丹　译
海天出版社
定价：25.00元

谈判事实上贯穿你生活的全部细节，你所面对的现实世界其实就是一个巨大的谈判桌，不管喜欢与否，你都是局中人。作为社会中的一个个体，你难免和别人或组织发生冲突。如何处理同他人以及社会其他组织之间的关系甚至是冲突不仅决定你是否能够摘取成功的桂冠，而且还决定着你能否过上充实、惬意并让你感到满足的生活。

每天你都在谈判——名望、金钱、安全、感情，无一例外。《谈判天下》是一本单刀直入、简单明了的指导书，帮助你如何成功地通过谈判达成目的，不管是应对你的上司、生意伙伴、信用卡，还是你的孩子、朋友，甚至你自己。由世界一流谈判专家带你入门，让你发现谈判是可以掌握和预料的，更重要的是可以学习和改善的。正如他所言：能力是基于领悟力的，如果你认为你能行，你就一定能行。只要耐心、亲力亲为、消息灵通，那么你便能成功地谈成任何事情。

赫布·科恩是美国最著名的谈判专家，在其30年的谈判实战中，经历了众多世界著名的历史事件，包括伊朗人质事件、海湾战争、日本驻秘鲁大使馆被占事件、中东和谈等。他是前美国总统的反恐谈判顾问，长期在联邦调查局、中情局和美国司法部门担任参谋，并多次受白宫嘉奖。此外，他的客户还包括政经名人、高级管理人员、体育界和演艺界代理人以及众多的世界知名企业等。

《谈判天下》是赫布·科恩根据30年的成功谈判经验编著而成。它将为你提供详细的指导、生动而真实的案例和实际的建议。它是你走向成功所需的信息财富和动力源泉。

全球顶级谈判大师30年的成功谈判经验
将改变你的人生际遇

短信查询正版图书及中奖办法

A．手机短信查询方法（移动收费0.2元/次，联通收费0.3元/次）

1．手机界面，编辑短信息；
2．揭开防伪标签，露出标签下20位密码，输入标识物上的20位密码，确认发送；
3．输入防伪短信息接入号（或：发送至）958879(8)08，得到版权信息。

B．互联网查询方法

1．揭开防伪标签，露出标签下20位密码；
2．登录www.Nb315.com；
3．进入“查询服务”“双码防伪标防伪查询”；
4．输入20位密码，得到版权信息。

中奖者请将20位密码以及中奖人姓名、身份证号码、电话、收件人地址、邮编，E-mail至：my007@126.com，或传真至0755-25970309

一等奖：168.00人民币现金；
二等奖：图书一册；
三等奖：本公司图书6折优惠邮购资格。
再次谢谢您惠顾本公司产品。本活动解释权归本公司所有。

读者服务信箱

感谢的话

谢谢您购买本书！顺便提醒您如何使用ihappy书系：

◆ 全书先看一遍，对全书的内容留下概念 。
◆ 再看第二遍，用寻宝的方式，选择您关心的章节仔细地阅读，将“法宝”谨记于心。
◆ 将书中的方法与您现有的工作、生活作比较，再融合您的经验，理出您最适用的方法。
◆ 新方法的导入使用要有决心，事前做好计划及准备。
◆ 经常查阅本书，并与您的生活工作相结合，自然有机会成为一个“成功者”。

<table>
<tr><td rowspan="8">优惠订购</td><td colspan="2">订阅人</td><td></td><td>部门</td><td></td><td>单位名称</td><td></td></tr>
<tr><td colspan="2">地址</td><td colspan="5"></td></tr>
<tr><td colspan="2">电话</td><td colspan="3"></td><td>传真</td><td></td></tr>
<tr><td colspan="2">电子邮箱</td><td></td><td>公司网址</td><td></td><td>邮编</td><td></td></tr>
<tr><td>订购书目</td><td colspan="6"></td></tr>
<tr><td rowspan="2">付款方式</td><td>邮局汇款</td><td colspan="5">中资海派商务管理（深圳）有限公司
中国深圳银湖路中国脑库A栋四楼　邮编：518029</td></tr>
<tr><td>银行电汇或转账</td><td colspan="5">户　名：中资海派商务管理（深圳）有限公司
开户行：招行深圳市银湖支行
账　号：5781 4257 1000 1
交行太平洋卡户名：桂林　卡号：6014 2836 3110 4770 8</td></tr>
<tr><td>附注</td><td colspan="6">1. 请将订阅单连同汇款单影印件传真或邮寄，以凭办理。
2. 订阅单请用正楷填写清楚，以便以最快方式送达。
3. 咨询热线：0755-25970306转158、168　传　真：0755-25970309
E-mail: my007@126.com</td></tr>
</table>

→利用本订购单订购一律享受9折特价优惠。

→团购30本以上8.5折优惠。